Benigna Araújo Teixeira Maia
João Gabriel Girão Soares
Kelen Cristina Pivotto Lengouski
(organizadores)

O Crescente Estudo do Fashion Law no Brasil

Benigna Araújo Teixeira Maia
João Gabriel Girão Soares
Kelen Cristina Pivotto Lengouski
(Organizadores)

O CRESCENTE ESTUDO DO *FASHION LAW* NO BRASIL

Editora CRV
Curitiba – Brasil
2024

Copyright © da Editora CRV Ltda.
Editor-chefe: Railson Moura
Diagramação e Capa: Designers da Editora CRV
Imagem de capa: Freepik – pikisuperstar e starline
Revisão: Os Autores

DADOS INTERNACIONAIS DE CATALOGAÇÃO NA PUBLICAÇÃO (CIP)
CATALOGAÇÃO NA FONTE
Bibliotecária responsável: Luzenira Alves dos Santos CRB9/1506

C912

    O crescente estudo do Fashion Law no Brasil / Benigna Araújo Teixeira Maia, João Gabriel Girão Soares, Kelen Cristina Pivotto Lengouski (organizadores) – Curitiba : CRV, 2024.
106 p.

Bibliografia
ISBN Digital 978-65-251-6685-8
ISBN Físico 978-65-251-6684-1
DOI 10.24824/978652516684.1

1. Direito 2. Direito da moda 3. Fashion Law 4. Advocacia I. Maia, Benigna Araújo Teixeira, org. II. Soares, João Gabriel Girão, org. III. Lengouski, Kelen Cristina Pivotto, org. IV. Título V. Série.

CDU 347.7   CDD 346.048

Índice para catálogo sistemático
1. Direito 346.048

2024
Foi feito o depósito legal conf. Lei nº 10.994 de 14/12/2004
Proibida a reprodução parcial ou total desta obra
sem autorização da Editora CRV
Todos os direitos desta edição reservados pela Editora CRV
Tel.: (41) 3029-6416 – E-mail: sac@editoracrv.com.br
Conheça os nossos lançamentos: **www.editoracrv.com.br**

Conselho Editorial:

Aldira Guimarães Duarte Domínguez (UNB)
Andréia da Silva Quintanilha Sousa (UNIR/UFRN)
Anselmo Alencar Colares (UFOPA)
Antônio Pereira Gaio Júnior (UFRRJ)
Carlos Alberto Vilar Estêvão (UMINHO – PT)
Carlos Federico Dominguez Avila (Unieuro)
Carmen Tereza Velanga (UNIR)
Celso Conti (UFSCar)
Cesar Gerónimo Tello (Univer. Nacional Três de Febrero – Argentina)
Eduardo Fernandes Barbosa (UFMG)
Eduardo Pazinato (UFRGS)
Elione Maria Nogueira Diogenes (UFAL)
Elizeu Clementino de Souza (UNEB)
Élsio José Corá (UFFS)
Fernando Antônio Gonçalves Alcoforado (IPB)
Francisco Carlos Duarte (PUC-PR)
Gloria Fariñas León (Universidade de La Havana – Cuba)
Guillermo Arias Beatón (Universidade de La Havana – Cuba)
Jailson Alves dos Santos (UFRJ)
João Adalberto Campato Junior (UNESP)
Josania Portela (UFPI)
Leonel Severo Rocha (UNISINOS)
Lídia de Oliveira Xavier (UNIEURO)
Lourdes Helena da Silva (UFV)
Luciano Rodrigues Costa (UFV)
Marcelo Paixão (UFRJ e UTexas – US)
Maria Cristina dos Santos Bezerra (UFSCar)
Maria de Lourdes Pinto de Almeida (UNOESC)
Maria Lilia Imbiriba Sousa Colares (UFOPA)
Mariah Brochado (UFMG)
Paulo Romualdo Hernandes (UNIFAL-MG)
Renato Francisco dos Santos Paula (UFG)
Sérgio Nunes de Jesus (IFRO)
Simone Rodrigues Pinto (UNB)
Solange Helena Ximenes-Rocha (UFOPA)
Sydione Santos (UEPG)
Tadeu Oliver Gonçalves (UFPA)
Tania Suely Azevedo Brasileiro (UFOPA)

Comitê Científico:

Alexandre Sanson (Justiça Federal – São Paulo/SP)
Aloisio Krohling (FDV)
André Pires Gontijo (UniCEUB)
Antônio Pereira Gaio Júnior (UFRRJ)
Celso Ferreira da Cruz Victoriano (TJ-MT)
César Augusto de Castro Fiuza (Ferreira, Kumaira e Fiuza Advogados Associados/UFMG)
Christine Oliveira Peter da Silva (STF)
Claudine Rodembusch Rocha (FEEVALE)
Cristiane Miziara Mussi (UFRRJ)
Daniel Amin Ferraz (Amin, Ferraz, Coelho Advogados/ Universidad de Valencia, UV, Espanha)
Daury Cesar Fabriz (UFES)
Edson Vieira da Silva Filho (FDSM)
Eduardo Pazinato (UFRGS)
Evandro Marcelo dos Santos (Faculdade Três Pontas/MG)
Gláucia Aparecida da Silva Faria Lamblém (UEMS)
Janaína Machado Sturza (UNIJUÍ)
João Bosco Coelho Pasin (UPM)
Joséli Fiorin Gomes (UFSM)
Manoel Valente Figueiredo Neto (Registro Imobiliário de Caxias do Sul, RS/UCS)
Marcio Renan Hamel (UPF)
Mariah Brochado (UFMG)
Rafael Lamera Giesta Cabral (UFERSA)
Renato Zerbini Ribeiro Leão (UNICEUB)
Ricarlos Almagro Vitoriano Cunha (UFRJ)
Thiago Allisson Cardoso de Jesus (CEUMA)
Valéria Furlan (FDSBC)
Vallisney de Souza Oliveira (Justiça Federal – Brasília/DF)
Vinicius Klein (UFPR)

Este livro passou por avaliação e aprovação às cegas de dois ou mais pareceristas *ad hoc.*

SUMÁRIO

APRESENTAÇÃO 11
Benigna Araújo Teixeira Maia
João Gabriel Girão Soares
Kelen Cristina Pivotto Lengouski
(Organizadores)

MULHERES NEGRAS NA LIDERANÇA: a história da comissão especial de direito da moda de Francisco Morato 13
Aliane dos Santos Menezes

A INFLUÊNCIA DO DIREITO DA MODA NA MINHA VIDA E CARREIRA 17
Amanda Oliveira da Câmara Moreira

FASHION LAW E AS OPERAÇÕES DE COMBATE À PIRATARIA NA CIDADE DE FORTALEZA-CE 21
Ana Úrsula da Costa Silva

BREVE NARRATIVA DE UMA JORNADA VINTENÁRIA DE REPRESSÃO ÀS INFRAÇÕES À PROPRIEDADE INTELECTUAL NA INDÚSTRIA DA MODA 25
Beatriz Fernandes Genaro

MODA, SONHO E DIREITO: minha jornada no direito da moda 29
Beliza Elizabeth Sobral Euzébio

O DIREITO DA MODA NO BRASIL: a iniciativa e o avanço da área jurídica 33
Benigna Araujo Teixeira Maia

O ESTUDO DO DIREITO DA MODA COMO AGENTE DE TRANSFORMAÇÃO DO MERCADO 35
Camila Pires

OS TRABALHOS DESENVOLVIDOS COM A TEMÁTICA DIREITO DA MODA NA OAB/PR DE 2016 A 2021 39
Carmem Iris Parellada Nicolodi

O PROTAGONISMO DO FASHION LAW: direito da moda
no estado do Ceará..45
Dayane Nayara Alves Colaço

FASHION LAW: estudos, trabalho e desenvolvimento...........49
Flávia de Oliveira Santos do Nascimento

A DEMOCRATIZAÇÃO DO ENSINO DO DIREITO DA
MODA...53
Frederica Richter

A IMPORTÂNCIA DOS ESTUDOS NO DIREITO DA
MODA: desvendando um campo promissor.............................59
Jamille Santos Machado

SUPERANDO OBSTÁCULOS NO DIREITO DA MODA.........63
João Gabriel Girão Soares

REFLEXÕES E DESAFIOS NO DIREITO DA MODA: uma
jornada pessoal...67
Kelen Cristina Pivotto Lengouski

UMA VISÃO HUMANÍSTICA DO DIREITO DA MODA............71
Kelly Alessandra da Costa Machado

A INFLUÊNCIA DA ORDEM DOS ADVOGADOS
DO BRASIL (OAB) NA CONSOLIDAÇÃO E
DESENVOLVIMENTO DO DIREITO DA MODA: proteção
intelectual, sustentabilidade e condições trabalhistas.................75
Kelly Aparecida Oliveira Gonçalves

O DIÁLOGO ENTRE MODA E DIREITO
CONCORRENCIAL..79
Luisa Ferreira Duarte

EXPLORANDO O DIREITO DA MODA: importância
da divulgação do conhecimento específico junto às
comunidades jurídicas..83
Paula Toledo Corrêa Negrão Nogueira Lucke

TRAÇANDO A LINHA DA MODA: a história e atuação da comissão de direito da moda da OAB de Ribeirão Preto-SP 87
Rafaela Aparecida Parizi Leoni

A TRAJETÓRIA DA COMISSÃO DE DIREITO DA MODA DA 13ª SUBSEÇÃO DA ORDEM DOS ADVOGADOS DO BRASIL, LOCALIZADA EM UBERLÂNDIA, MINAS GERAIS. 97
Sthefanne Silva Barros

ÍNDICE REMISSIVO 103

APRESENTAÇÃO

O presente livro reúne artigos que demonstram a expansão dos estudos sobre *fashion law* no Brasil. Trata-se de textos que destacam aspectos importantes da trajetória de profissionais de diversas regiões do país. Assim, essa obra contribui para a divulgação do conhecimento da temática e mostra desafios e oportunidades que os autores encontraram na área jurídica conectada com o setor da moda.

A leitura é ideal para que todos conheçam o *fashion law* a partir das histórias dos autores que apresentam como fio condutor as contribuições acadêmicas e jurídicas. Dessa forma, os leitores reconhecerão como tem se dado o caminho histórico do *fashion law* no Brasil.

Portanto, o livro pretende ser uma referência para demonstrar o crescimento e aprimoramento das práticas de *fashion law*. Espera-se que o direito da moda (*fashion law*), daqui em diante, tenha um caminho firme e relevante no cenário jurídico brasileiro.

Benigna Araújo Teixeira Maia
João Gabriel Girão Soares
Kelen Cristina Pivotto Lengouski
(Organizadores)

MULHERES NEGRAS NA LIDERANÇA: a história da comissão especial de direito da moda de Francisco Morato

Aliane dos Santos Menezes[1]

Este artigo apresenta a experiência da Comissão de Direito da Moda de Francisco Morato, destacando os desafios e as oportunidades de desenvolver uma prática jurídica especializada nesse campo. Com foco no trabalho da advogada responsável, serão explorados temas como a proteção dos direitos autorais, a valorização da diversidade cultural e a importância de uma legislação mais justa e inclusiva para a indústria da moda.

É notório o conhecimento que a indústria da moda vem crescendo exponencialmente nos últimos anos, gerando oportunidade de trabalho e renda para diversos profissionais. E esse crescimento também traz consigo desafios, como a necessidade de os profissionais da área se familiarizarem com os aspectos jurídicos que permeiam o setor.

Francisco Morato é um município brasileiro do estado de São Paulo, localizado na Região Metropolitana de São Paulo, com 165.139 habitantes[2]. É um dos maiores municípios da região, sem condições de abrigar grandes indústrias pela falta de área disponível, investiu em comércio e prestação de serviços para movimentar a economia.[3]

---

1   Advogada em *Fashion Law*. Presidente da Comissão Especial de Direito da Moda da subseção de Francisco Morato–SP. Membro da Comissão de Direito da Moda da Seccional de São Paulo e da IASP. Pós-graduando em Propriedade Intelectual, Direito do Entretenimento, Mídia e Moda – ESA OAB – SP. Coautora do livro "Estudos em *Fashion Law*: do croqui aos Tribunais". Palestrante. E-mail: alianemenezes@adv.oabsp.org.br.

2   IBGE. Disponível em: https://www.ibge.gov.br/cidades-e-estados/sp/francisco-morato.html. Acesso: 28 jul. 2024.

3   Prefeitura de Francisco Morato. Disponível em: https://www.franciscomorato.sp.gov.br/site/index/institucional. Acesso: 28 jul. 2024.

A Comissão foi instaurada em 2022, tendo pela primeira vez na história das Comissões de Direito da Moda nas Ordens de Advogados do Brasil, a presidência de uma mulher negra.

Não esperávamos que a presidência da comissão fosse um marco histórico no Brasil. A descoberta da representatividade da presidente como a primeira mulher negra nessa posição tornou o fato ainda mais significativo. Essa escolha não foi motivada pelo *tokenismo*[4], mas pela competência da profissional. Agora, ela pode discutir temas além do racismo e ocupar um espaço de liderança em um campo tradicionalmente branco.

A OAB de Francisco Morato, com mais de 400 advogados inscritos, concentra sua atuação principalmente nas áreas de Direito do Trabalho, Família, Criminal, Consumidor e Cível. Embora a demanda da sociedade por esses serviços seja grande, a instalação da Comissão de Direito da Moda enfrentou resistência. Em quase três anos, apenas uma advogada, além da presidente, se juntou à iniciativa[5].

Um dos principais desafios foi a conscientização dos empreendedores locais sobre a importância da assessoria jurídica. Muitas vezes, os empresários consideram esses serviços como um custo adicional e não enxergam o valor da proteção legal para seus negócios. Essa percepção é influenciada por diversos fatores, como a falta de conhecimento sobre os riscos jurídicos do setor da moda e as dificuldades econômicas enfrentadas pela cidade.

A atuação da comissão se concentrou em levar conhecimento aos empreendedores, mas os resultados foram limitados. Uma pesquisa realizada junto à associação de comerciantes local revelou que a demanda por serviços jurídicos especializados era baixa, principalmente devido ao alto custo e à falta de percepção dos benefícios.

Um dos casos mais comuns atendidos pela advogada diz respeito à proteção dos direitos autorais de designers gráficos. A

---

4   O termo surgiu nos anos 60, nos Estados Unidos, durante o período de forte luta pelos direitos civis dos afro-americanos. Martin Luther King foi o primeiro a utilizar o termo "tokenismo" em um artigo publicado em 1962: "A noção de que a integração por meio de *tokens* vai satisfazer as pessoas é uma ilusão. O negro de hoje tem uma noção nova de quem é". Disponível em: https://www.politize.com.br/tokenismo/. Acesso: 28 jul. 2024.

5   A Comissão conta com outros membros, porém não são advogados (as) da subseção.

informalidade do mercado e a falta de conhecimento sobre contratos de cessão ou licença expõem esses profissionais a riscos de plágio, violações aos Direitos Morais e exploração.

Trabalhando com designers, percebemos uma invisibilização do seu trabalho e a dificuldade em obter assessoria jurídica especializada para resolver questões contratuais e de negociação.

Por isso, convidamos os designers e advogados a se juntarem à Comissão de Direito da Moda para discutirmos, juntos, soluções práticas para a proteção de seus direitos autorais e para construirmos uma rede de apoio mútuo.

O último assunto a ser tratado neste artigo, se refere a falta de uma legislação específica para proteger as expressões culturais tradicionais dos povos originários é uma lacuna grave no sistema jurídico brasileiro. Essa ausência expõe as comunidades indígenas à exploração e à apropriação cultural, especialmente no mercado da moda.

A escola Éwà Poranga, pioneira em moda pluricultural, busca mudar essa realidade. A escola tem como propósito desenvolver marcas, produtos e uma educação que valorize a diversidade cultural brasileira[6].

Ao trabalhar voluntariamente com a escola, a advogada foi convidada a dar uma aula sobre "Criatividade & Legislação", focando no individual, mas no coletivo, ao final identificou a necessidade de uma proteção jurídica mais eficaz para as criações indígenas. Embora a lei da biodiversidade possa servir como analogia, oferecendo alguma proteção aos conhecimentos tradicionais associados ao patrimônio genético, ela não abrange a totalidade das expressões culturais.

Diferentemente do Brasil, países como o México e Burkina Faso possuem legislações específicas para proteger os direitos intelectuais dos povos originários[7]. Essa ausência de uma legislação própria no Brasil demonstra um desconhecimento e desvalorização da rica diversidade cultural indígena.

---

6 ÉWÀ PORANGA. Disponível em: https://www.juliavidal.com.br/ewaporanga. Acesso: 28 jul. 2024.
7 DRUMMOND, Victor Gameiro. **A tutela jurídica das Expressões Culturais Tradicionais**. São Paulo: Almedina, 2017.

É fundamental que o Brasil desenvolva uma legislação que reconheça e proteja as expressões culturais tradicionais dos povos originários. Essa medida não apenas garantiria a justiça para esses povos, mas também contribuiria para a valorização da nossa rica diversidade cultural.

Apesar dos desafios, a Comissão Especial de Direito da Moda em Francisco Morato representa um marco para o desenvolvimento de toda cidade. Ao promover a educação jurídica, conectar profissionais e defender os direitos da comunidade da moda, a comissão contribui para um mercado mais justo e sustentável. Acreditamos que o *Fashion Law* tem um papel fundamental a desempenhar no futuro da moda em Francisco Morato e convidamos todos os interessados a se juntarem a nós nessa jornada.

A INFLUÊNCIA DO DIREITO DA MODA NA MINHA VIDA E CARREIRA

Amanda Oliveira da Câmara Moreira[8]

Falar da minha história no Direito da Moda, muito se confunde com a própria história do *Fashion Law* no Brasil. Quando iniciei minhas pesquisas na área, que nem era assim conhecida, ou definida, se chamava apenas de Direito e Moda, em meados de 2011/2012, no Brasil. Nos Estados Unidos, pelo menos dois anos antes, a professora Susan Scafidi havia iniciado os estudos na área.

No meu início, foram dois anos de pesquisa, e de uma verdadeira procura e busca de "cabelo em ovo", afinal, não se tinha qualquer tipo de material acadêmico produzido que tratasse sobre Moda e Direito. Assim, era necessário que eu partisse do Direito Clássico para desenvolver as minhas pesquisas. O principal mote foi a linha desenvolvida entre a propriedade industrial, o Direito Empresarial, à Administração Pública e a pirataria, em uma pesquisa intitulada: "A Contrafação da Marca Financiada pela Administração Pública", que culminou em uma ampla busca em diversas áreas do Direito sobre os elementos que se relacionariam a este campo, até então, alheio ao Direito.

---

8   Advogada, professora universitária (UnP), de pós-graduação (LEGALE) e cursos de extensão (PUC Rio). Mestre em Direito (UFRN). Especialista em Direito Constitucional (UNI-RN). Pós-graduanda em Advocacia Consultiva (LEGALE). Certificada em Direito da Moda (SeuFuturo.com), LGPD (ENAP), Startups (Its Rio), Direito da Arte (WIPO) e Propriedade Intelectual (WIPO). Representante brasileira no Fashion Law LATAM. Conselheira Seccional da OAB/RN (2021-2024). Diretora-Geral da ESA/RN (2021-2024). Presidente da Comissão de Direito da Moda da OAB/RN (2018-2024). Membro Consultiva da Comissão Especial de Propriedade Intelectual do Conselho Federal da OAB (2021-2024). Membro da Comissão Especial de Cultura e Arte do Conselho Federal da OAB (2019-2021). Autora e coautora de obras jurídicas. Organizadora da coletânea "Estudos sobre *Fashion Law*".

O que eu não sabia, era que o "Direito e a Moda" acabaria se tornando o meu lugar no Direito. Na época, no início da graduação, sem ter pagado as disciplinas de Direito Empresarial, Direito Administrativo, e o tema pirataria sendo passada de maneira extremamente rápida, dada a infinidade de crimes estudados nas cadeiras de Direito Penal, mergulhei nos livros clássicos de Direito Empresarial, que Ricardo Negrão, Fábio Ulhoa Coelho e Gladston Mamede foram os meus melhores amigos por, pelo menos, dois anos ininterruptos. Assim como, no Direito Administrativo, com Maria Sylvia Zanella de Pietro, Vicente Paulo e Marcelo Alexandrino, me acompanharam. No Direito Constitucional, Paulo Bonavides, Bernardo Gonçalves Fernandes e Uadi Lammego, também estiveram comigo. No Direito Penal, Rogério Greco, dominava amplamente as minhas frentes de pesquisa. Mas, na doutrina do Direito da Moda, não havia nada.

Neste caminho, digo até hoje, que achei a cereja do bolo nos livros de uma sala do meu estágio no Ministério Público: a CPI (Comissão Parlamentar de Inquérito) da Pirataria. A partir da leitura desta CPI, um novo mundo e novos caminhos se abriram: eu havia encontrado a confirmação da minha tese inicial com dados, informações, construções, que fizeram ter um maior desenvolvimento capitular de maneira concreta. Dados do FNCP (Fórum Nacional de Combate à Pirataria) também foram essenciais para uma maior robustez em minha pesquisa. Noutro ponto, as jurisprudências do STJ foram minhas principais aliadas quando se tratava de propriedade industrial.

Na época, obtive menção honrosa na pesquisa. Em compensação, não queria finalizar a pesquisa apenas na graduação. Afinal de contas, o Direito da Moda é algo muito bom de se estudar. Não existia nenhuma pós-graduação que abarcasse ambas as áreas, então, segui no Direito Constitucional, tanto na especialização, quanto no mestrado, nos anos seguintes, com as pesquisas: "Modificações legislativas da proteção da moda e os reflexos no Direito Constitucional brasileiro", na especialização, e "A proteção do Direito da moda sob a perspectiva do Direito Internacional da marca: aspectos de propriedade intelectual" no mestrado, que tinha como linha de pesquisa: Direito Internacional e Propriedade Intelectual.

No período do mestrado começaram a surgir os primeiros livros na área, como o de Gilberto Mariot e Gisele Ganhem Cardoso, e do artigo de Lívia Barboza Maia. Uma época de respiro, por agora ter livros específicos para citar. E o mais importante: agora era chamado de Direito da Moda.

Neste tempo, houve dúvida se eu encontraria campo de mercado na advocacia. Esta dúvida existiu até o momento do primeiro cliente, uma marca pequena, que estava iniciando, mas que teve problemas com estampas. Em seguida, outros casos envolvendo contratos de *private label*, outros envolvendo costura e finalização. Até chegar nas questões de combate à repressão marcária, dos registros de marca e de produtos, pontos tão sensíveis e importantes ao mundo da moda, para fins de fortalecimento da marca, não permitindo a sua diluição e perda de valor de mercado tão facilmente.

Em contrapartida, a ausência de livros na área muito me incomodava. Usar sempre os livros do Direito Clássico, me fazia pensar o porquê da ausência de livros contemporâneos, e que abarcassem temas tão contemporâneos quanto ao que estávamos vivendo na sociedade: uma evolução rápida, na vida e no Direito, e que precisava ser abarcada pela produção acadêmica.

Assim, em 2019 lancei meu primeiro livro, intitulado: "*Fashion Law:* a proteção da Propriedade Intelectual na perspectiva do Direito Internacional", fruto da dissertação de mestrado. Sendo, a partir do ano de 2020 lançadas as coletâneas chamadas: "Estudos sobre *Fashion Law*", tendo sido lançadas quatro edições, e a quinta em fase de pré-lançamento. Sendo o primeiro livro, e os dois primeiros da coletânea, com duas edições. Além dos livros acima, escreveu como coautora em vários outros livros, bem como realizou o prefácio e a apresentação de alguns outros livros da área, e em revistas jurídicas, sendo a mais recente, da AASP, lançada em junho de 2024.

Sem dúvidas, contribuir para a construção acadêmica do Direito da Moda é motivo de grande alegria, tendo em vista que é um posicionamento diferenciado: não querer que outros pesquisadores passem pela mesma situação de não ter livros ou artigos específicos a serem citados.

Em outra fase, no ano de 2018, propus a criação da Comissão de Direito da Moda, na seccional da OAB/RN, que foi prontamente atendido o pedido pelo presidente à época. Assim, seguindo pelas duas gestões posteriores, até o presente momento. Institucionalmente, desde 2018 organizo um evento, que inicialmente, se chamou "Encontro Potiguar de *Fashion Law*" e desde o ano de 2020, passou a se chamar "Encontro Internacional de *Fashion Law*" reunindo profissionais de todo o mundo na área do Direito da Moda. O evento é realizado todos os anos na capital potiguar, Natal, na sede da OAB/RN. Tendo duas modalidades on-line devido à pandemia do covid-19.

Contudo, no início, os momentos foram difíceis. Não sabiam ao certo o que era o Direito da Moda. Na faculdade, achavam que era algo fútil. Na vida profissional, que eu ia ensinar advogado a se vestir e como combinar as roupas com sapato, bolsa, cinto... Ou que eu iria oferecer consultoria de imagem e estilo. A atuação do advogado no Direito da Moda não é isso, foge disso, na verdade. A atuação do advogado não é nada glamourosa, e sempre tem o intuito de demonstrar os cuidados que o empresário da moda precisa ter em todos os aspectos, como por exemplo: o contratual, marcário, ambiental, criminal, internacional, de patentes, desenhos industriais, indicações geográficas, autoral, trabalhista, previdenciário, tributário, dentre vários outros, desde que relacionados ao mundo têxtil e das confecções. Indo profundamente além de atividades cuja atividade da advocacia não está abarcada.

Por fim, se eu puder dar uma dica aos leitores é: não se acovarde, acredite no seu sonho, nas suas vontades, e não se acovarde pela ignorância daqueles que não conhecem o Direito da Moda. O céu é o limite para quem quer atuar na área, mas nada cai do céu: estude, leia, se capacite, que sem dúvidas, a sua carreira será de enorme sucesso!

FASHION LAW E AS OPERAÇÕES DE COMBATE À PIRATARIA NA CIDADE DE FORTALEZA-CE

Ana Úrsula da Costa Silva[9]

A pirataria no Brasil é prevista como crime, sendo estre tipificado no art. 184 do Código Penal Brasileiro, segundo o qual *"violar direitos de autor e os que são conexos. Pena – detenção, de 3 (três) meses a 1 (um) ano, ou multa"*. Os parágrafos do art. 184 do CP especificam os detalhes do que é considerado crime de pirataria.

Além disso, outras legislações esparsas, como por exemplo, a Lei de Direitos Autorais (Lei nº 9610/98), o Código de Defesa do Consumidor (Lei nº 8.078/90, art. 66), a Lei de Crimes contra a ordem tributária, econômica e contra as relações de consumo (Lei nº 8137/90, art. 7º, VII), trazem em seu bojo normas que tipificam a contrafação e a violação dos direitos do autor como crime de pirataria.

Todavia, a pirataria é um crime socialmente aceito, visto que traz um sentimento de pertencimento e de acesso à produtos "de marca" por pessoas pertencentes às camadas mais baixas da sociedade.

Deste modo, é comum que, ao andarmos por centros comerciais, nos deparemos com a venda de diversos produtos contrafeitos, tais como, roupas, bonés, calçados, eletrônicos, brinquedos, cosméticos, óculos, etc., os quais são consumidos livremente por pessoas que, via de regra, não possuem renda suficiente para a aquisição do mesmo produto original.

---

9   Advogada, palestrante e pesquisadora em Fashion Law. Pós-graduada em Direito e Processo Tributário. Membro das Comissões de Direito da Moda da OAB-SP e da CDIMODA da OAB-CE. Membro do Fórum de Moda do Ceará. Representante do Fashion Revolution em Fortaleza. Secretaria Suplente da Câmara Setorial da Moda do Estado do Ceará. Consultora Jurídica de Negócios de Moda.

Ocorre que este comércio, gera inúmeros prejuízos aos cofres públicos. Segundo o Anuário da Associação Brasileira de Combate à Falsificação, o Brasil perdeu R$ 345 bilhões em 2022 por causa da pirataria.

Por sua vez, segundo o balanço anual do Fórum Nacional contra a pirataria e ilegalidade (FNCP), em 2020, o prejuízo foi de cerca de R$ 287,9 bilhões, sendo que deste valor estima-se que R$ 58,4 bilhões de referem ao setor do vestuário.

Assim, inegável a necessidade de tomada de medidas capazes de diminuir os impactos econômicos causados pelo comércio desenfreado de produtos falsificados em todo o Brasil.

É nesse sentido que o *fashion law* atua e se destaca como uma das importantes estratégias utilizadas pela indústria da moda a fim de combater a pirataria, visto que é uma área do direito que atua diretamente na proteção da propriedade intelectual de designers e marcas, através das aplicação das legislações já existentes na proteção das produções de moda.

Nesse sentido, em ações conjuntas entre marcas e órgãos do poder público, que se destinam ao combate da pirataria, tem-se visto em todo Brasil a deflagração de operações que buscam a apreensão da maior quantidade possível de produtos contrafeitos.

Em Fortaleza temos visto a deflagração de tais operações de tempos em tempos, visto que no comércio local há inúmeros locais de vendas de produtos falsificados. Não raro, ao andar pelo centro da cidade, facilmente encontramos galerias ou ruas destinadas exclusivamente à venda, e por vezes até a produção de produtos contrafeitos, como bonés, roupas, calçados etc.

No mês de junho de 2024, a Receita Federal e a Polícia Civil do Estado do Ceará deflagraram a Operação Sombreiro, na qual foram fechadas 10 lojas do centro de Fortaleza, CE, que comercializavam bonés e calçados contrafeitos[10].

---

10 BRASIL. Decreto-Lei nº 2.848, de 7 de dezembro de 1940. Código Penal, artigo 184. No 2º dia de operação contra venda de produtos piratas, cinco lojas em Fortaleza são alvos da Receita Federal. G1 Ceará. 12/06/2024. Disponível em: https://g1.globo.com/ce/ceara/

Na Operação Sombreiro, somente no seu primeiro dia, foram apreendidos 443 sacos de ráfia de produtos, o que totaliza um valor aproximado de R$ 4 milhões de reais em produtos apreendidos[11]. Todavia, algumas das lojas que tiveram seus produtos apreendidos, alguns dias depois retornaram às atividades de vendas de produtos contrafeitos.

Portanto, nota-se que a pirataria é um dos maiores problemas da indústria da moda e também que lhe causa mais prejuízos, de modo que, é importante que todos os atores que atuam na indústria da moda estejam comprometidos a adotar medidas preventivas, coercitivas e fiscalizatórias, constantemente, para que haja uma efetividade no combate ao problema.

---

noticia/2024/06/12/no-2o-dia-de-operacao-cinco-lojas em-fortaleza-sao-alvos-da-receita-federal.ghtml.

11 G1. Brasil perdeu mais de R$ 345 bilhões com a pirataria e o contrabando em 2022, diz Anuário da Falsificação. Jornal Hoje. G1. 03/04/2023. Disponível em: https://g1.globo.com/jornal-hoje/noticia/2023/04/03/exclusivo-brasil-perdeu-r-345-bilhoes-em-2022-por-causa-da-pirataria.ghtml.

BREVE NARRATIVA DE UMA JORNADA VINTENÁRIA DE REPRESSÃO ÀS INFRAÇÕES À PROPRIEDADE INTELECTUAL NA INDÚSTRIA DA MODA

Beatriz Fernandes Genaro[12]

Sem sombra de dúvidas, trabalhar há mais de 20 anos na repressão e combate à pirataria no Brasil tem sido uma jornada profundamente desafiadora, entretanto imensamente gratificante. Ao longo dessas duas décadas, tive a oportunidade de testemunhar e participar de transformações significativas no cenário da propriedade intelectual no país. A cada caso, cada vitória e até mesmo cada derrota, contribuíram para moldar minha carreira.

A gratificação inerente à observação da efetivação do direito, a proteção dos direitos dos criadores e a valorização do trabalho intelectual são conquistas que trouxeram tonicidade a minha trajetória na área jurídica.

Ademais, além de proteger os criadores, a repressão e combate à pirataria fortalece o mercado legal e impulsiona a economia local e mundial, assegurando um ambiente de negócios

---

12 Advogada inscrita na OAB/SP, professora palestrante, pesquisadora e autora de obras jurídicas, especialista em Fashion Law pela (FASM), *expert* em Propriedade Intelectual pela Escola Paulista de Magistratura (EPM) e certificada pela World Intellectual Property Organization (WIPO) Academy, Universidade Federal do Paraná (UFPR) e Instituto Federal Fluminense (IFF) em Propriedade Intelectual pela Damásio Educacional em Propriedade Industrial e Direito da Moda pela Escola Superior de Advocacia (ESA/SP). Membro do Comitê Técnico e Científico da Sviluppo & Cooperazione Italia Brasile (DIB). Membro da Associação Latino-Americanana Fashion Law Latam. Membro da Comissão Especial de Propriedade Intelectual da OAB Nacional (CF/OAB). Membro e Coordenadora da pasta de Propriedade Intelectual e Combate à Pirataria da Comissão Especial de Direito da Moda da OAB/SP e Membro da Consultvo da Comissão de Propriedade Intelectual e Direito da Moda da OAB/RN. Idealizadora do Moda é Verbo®, Fashion Law de A a Z® e Direito para Moda®. E-mail: beatriz@fernandesgenaro.com.br

mais justo, passível de promover a inovação e assegurar que os investimentos em pesquisa e desenvolvimento sejam devidamente recompensados. A pirataria não só prejudica os detentores de direitos imateriais, mas também afeta negativamente o mercado como um todo, visto que lesiona as oportunidades legítimas de emprego e renda e contribui para a insegurança do consumidor, que corre diversos riscos ao adquirir produtos de procedência duvidosa ou questionável pulverizados no mercado mundial da atualidade.

Independentemente de todas as dificuldades e desafios enfrentados ao longo do caminho, a determinação e a resiliência têm sido minhas maiores aliadas. Lidar com a complexidade das legislações, a resistência de setores envolvidos na pirataria e a necessidade de constante atualização profissional são apenas alguns dos obstáculos superados. No entanto, cada barreira transposta reforçou sempre a importância da contribuição que ofereço para um mercado mais justo e equilibrado.

Neste contexto, foi com uma emoção indescritível e uma gratidão imensa que, em 2022, recebi o convite da querida professora Flávia Nascimento para capitanear a pasta de Propriedade Intelectual e Combate à Pirataria da Comissão de Direito da Moda da OAB SP. Em que pese o convite representar dos maiores desafios da minha carreira, internamente, tinha consciência que a oportunidade representava a possibilidade de contribuir enormemente na conscientização do público sobre os malefícios da pirataria, e a confiança depositada em mim pela professora Flávia reforçou meu compromisso e paixão pela causa.

A oportunidade de liderar este núcleo da Comissão de Direito da Moda da OAB/SP vem trazendo novas perspectivas e reforçou a importância de uma abordagem colaborativa e educacional na luta contra a pirataria, que causa perdas financeiras de alta monta às empresas relacionadas ao setor da moda.

Segundo levantamento realizado pelo FNCP e publicado em 2024, as perdas setoriais no mercado de vestuário correspondem a R$ 84.000.000.000; já no setor de material esportivo, totalizam R$ 22.200.000.000; em higiene, perfumaria e cosméticos, o valor é de R$ 22.200.000.000; óculos, o montante de R$ 10.000.000.000; perfumes importados, a cifra de R$ 1.000.000.000; e ouro, R$ 12.750.000[13].

As marcas, que canalizam vastos recursos em pesquisa, desenvolvimento e marketing para edificar seus produtos e consolidar suas reputações, encontram-se grandemente prejudicadas quando produtos falsificados inundam o mercado[14]. Tal situação provoca uma diminuição substancial nas vendas, ameaçando a sustentabilidade de empreendimentos legalizados no Brasil.

Tem sido um privilégio trabalhar ao lado de profissionais tão dedicados e ver o impacto direto de nossas iniciativas na sociedade. A cada campanha de conscientização, cada evento e cada projeto desenvolvido representaram passos significativos rumo a um mercado mais ético e protegido, refletindo o valor do nosso trabalho na construção de um futuro melhor para a propriedade intelectual no Brasil.

Neste contexto, considero que a Comissão de Direito da Moda da OAB/SP desempenha um papel crucial ao promover a conscientização da população, auxiliando na educação do público sobre os riscos e impactos negativos das falsificações, reforçando a importância de apoiar o comércio legítimo.

É com orgulho e gratidão que olho para trás e vejo o impacto positivo do meu trabalho na sociedade e na proteção dos direitos de propriedade intelectual no Brasil.

---

13 Fórum Nacional de Combate à Pirataria e a Ilegalidade (FNCP). Relatório Anual de Combate à Pirataria. Disponível em: www.fncp.org.br;

14 International Trademark Association (INTA). The Economic Impacts of Counterfeiting and Piracy. Disponível em: www.inta.org

MODA, SONHO E DIREITO:
minha jornada no direito da moda

Beliza Elizabeth Sobral Euzébio[15]

Existem muitos jeitos de começar um artigo sobre a importância de estudar, trabalhar e dar visibilidade ao Direito da moda no Brasil. Eu poderia começar falando que o *Fashion Law* foi um termo popularizado pela professora Susan Scafidi, com a intenção de aprofundar os estudos referentes à proteção das criações no mercado de moda ou sobre a recente popularização do tema no país desde então.

Entretanto, início este artigo com a minha história, como uma jovem advogada de Sergipe que decidiu se especializar na área. Minha jornada nesse ramo do Direito se iniciou ainda na época da Graduação, mas muito longe das salas de aula. Por volta de 2020, eu fui em uma de minhas lojas favoritas comprar uma roupa para o meu aniversário, quando ouvi uma conversa das vendedoras sobre a apresentação dos produtos e o perfume que eles haviam criado para o empreendimento.

Após aquele dia comecei a notar pequenos gestos que as empresas faziam para se diferenciar no mercado e passei a estudar alguns conceitos ligados à propriedade intelectual. Já no ano seguinte, procurando um tema para o meu Trabalho de Conclusão de Curso, esbarrei por acaso no tema das "Marcas Não Tradicionais" e revisitei aquela conversa que ouvi na minha loja favorita.

Desde então esse tema se tornou meu Trabalho de Conclusão de Curso, minha Dissertação de Mestrado, meu primeiro Projeto de Lei e, em breve, meu primeiro livro. Assim, partindo de um interesse em moda, me tornei a acadêmica que nunca pensei que

---

15   Advogada pela OAB/DF. Graduada em Direito pela Universidade Tiradentes em Sergipe e Mestre em Direito Empresarial pelo Instituto de Desenvolvimento e Pesquisa (IDP) em Brasília. Com especialização em Direito Empresarial e Contratos pelo CEUB. Beliza Elizabeth, secretária adjunta da Comissão de Direito da Moda da OAB/DF. Pesqtisadora nas áreas de Propriedade intelectual, contratos e direito da moda. Advogada, registrada na OAB/DF

me tornaria, juntando dois ramos que sempre almejei me especializar: Direito e Moda.

Entretanto, apesar de o caminho da moda ter se feito presente na minha vida acadêmica, na prática como advogada sempre foi mais difícil buscar a inserção profissional no Direito da Moda. Por isso, em 2022 buscando o aperfeiçoamento do meu lado profissional, me juntei como ouvinte na Comissão de Direito da Moda da OAB do Distrito Federal em Brasília.

Naquela época, como uma advogada recém-formada que tinha acabado de mudar de estado, a Comissão me apareceu como uma esperança de trazer o Direito da Moda para a minha realidade como profissional. Os encontros da comissão e o Congresso promovido por eles ainda em 2022 me fizeram entender que o Fashion Law sobressaia ao Direito da Propriedade Intelectual, ampliando assim o meu entendimento sobre o tema.

Nesse sentido, pude testemunhar a congruência de áreas do Direito como: trabalhista, penal, tributarista, internacional, tecnologia e inovação, empresarial, contratual, ambiental e responsabilidade civil junto ao Fashion Law. Essa descoberta transformou minha visão sobre a área jurídica de forma geral.

Dessa forma, a cada encontro da comissão, meus conhecimentos sobre o Fashion Law se expandiram. Comecei a falar sobre o tema nas redes sociais, com colegas, parentes e até desconhecidos, destacando-me e percebendo que o trabalho como advogada generalista não me completava, o que gerou um interesse ainda maior em me especializar na área.

Com o tempo, surgiram os primeiros casos da área, oportunidades profissionais e acadêmicas e, consequentemente, o cargo de Secretária Adjunta da Comissão de Direito da Moda da seccional de Brasília, que passei a ocupar já no início de 2024. Aos poucos o sonho de ser uma profissional atuante na indústria da moda foi se tornando cada vez mais real.

No decorrer da minha vivência dentro da Comissão eu pude ter contato com a confecção de projetos de lei, trâmites legislativos, confecção de artigos, a produção de livros acadêmicos, organização de congressos e outros eventos. Além das atividades acadêmicas e legislativas, a Comissão promoveu debates e discussões sobre a sustentabilidade na moda, uma área que tem ganhado crescente atenção. As questões ambientais e éticas no setor de moda são complexas e exigem uma abordagem jurídica multifacetada. Participar dessas discussões ampliou minha compreensão do impacto social e ambiental das práticas da moda.

Nesse ínterim, a Comissão de Direito da Moda da Seccional Brasília tem trabalhado na regularização de profissões ligadas à moda, como consultores de imagem. O primeiro projeto de lei foi finalizado e apresentado ao Presidente da OAB/DF já em julho de 2024. Tendo sido conferida a chancela oficial da Ordem para o início da apresentação do documento ao trâmite legislativo.

Outro marco da atuação da comissão tem sido a promoção de encontros junto a outras comissões para demonstrar a interseccionalidade deste ramo de atuação, conforme assinalado em momento anterior. Além da divulgação do tema através dos eventos e produções acadêmicas que vêm sendo realizados desde sua constituição.

Ainda em 2024 será lançado o primeiro livro com uma densa coletânea de artigos que analisam decisões de tribunais brasileiros em questões interligadas ao Direito da Moda e diversos ramos afins do direito. Bem como será realizado o Congresso Brasileiro de Direito da Moda com diversos juristas especialistas de prestígio que atuam incessantemente na área, como Amanda Câmera e Flávia Nascimento.

Além disso, a Comissão foi palco de minhas primeiras exposições, tendo sido ainda a minha primeira oportunidade de publicação de artigo em um livro acadêmico. Feitos que com o apoio necessário, se tornaram possíveis na minha carreira autônoma também. Nesta trajetória, o apoio da Ordem dos Advogados do Brasil, através da Comissão de Direito da Moda foi crucial para que eu entendesse que minha pesquisa poderia sair do papel e se tornar parte da minha prática profissional.

Tenho certeza de que a OAB continuará sendo um recurso indispensável para diversos profissionais que seguirão caminhos como esse. Minha experiência na Comissão não só fortaleceu minha carreira, mas também abriu portas para novas oportunidades, me permitindo contribuir, mesmo que de forma breve, para a evolução do Direito da Moda no Brasil.

O DIREITO DA MODA NO BRASIL:
a iniciativa e o avanço da área jurídica

Benigna Araujo Teixeira Maia[16]

A interseção entre direito e moda é uma área emergente e fascinante que, apesar de seu potencial, ainda é relativamente desconhecida no Brasil. No entanto, tenho desempenhado um papel acadêmico como professora de graduação e pós- Graduação no campo do direito da moda. No ano de 2018, descobri a área me envolvendo com pesquisas acadêmicas orientando alunos de graduação no curso de direito, me inspirava pelo trabalho da professora Susan Scafidi, da Escola de Direito da Fordham University, nos Estados Unidos, que foi uma das pioneiras no estudo do direito da moda.[17] A pesquisa de Scafidi abrange tópicos como propriedade intelectual, direitos autorais, marcas registradas e questões contratuais específicas da moda. A sua abordagem pioneira ajudou a estabelecer o direito da moda como uma subdisciplina legítima dentro do campo jurídico, trazendo à luz a complexidade das interações entre a legislação e a indústria da moda.

No Brasil, a área do direito da moda ainda é pouco explorada. Grande parte da comunidade jurídica desconhece os aspectos específicos desta área, que combina questões de propriedade intelectual, regulamentações comerciais e aspectos contratuais com as particularidades do mundo da moda. Entretanto, a realidade está começando a mudar graças ao trabalho de acadêmicos e juristas dedicados a essa disciplina inovadora.

Além das pesquisas acadêmicas, tive a oportunidade de assumir e fundar a primeira Comissão de Direito da Moda, na subseção

---

16   Doutoranda em Direito pelo Uniceub. Mestre em Direitos Humanos. Professora de Direito Civil e processual civil. Advogada. Presidente da Comissão de Direito da Moda da Subseção Águas Claras/DF. Autora e Coordenadora de obras jurídicas. Conferencista.
17   Fiat Fashion Law! The Launch of a Label – and a New Branch of Law. *In*: SILVANIC, M. (ed.). **Navigating Fashion Law**: Leading Lawyers on Exploring the Trends, Cases, and Strategies of Fashion Law. Coletânea Inside the Minds.

de Águas Claras, no Distrito Federal. Águas Claras é uma região administrativa conhecida por sua alta densidade populacional[18] e pelo incentivo ao empreendedorismo[19] características que contribuíram para a criação e expansão da comissão. A área tem se destacado como um centro de inovação e desenvolvimento, o que é refletido no sucesso da comissão e nas iniciativas que ela promove.

Em 2023, a Comissão de Direito da Moda organizou um Congresso que reuniu especialistas de diversos Estados (SP, RJ, CE, RN) para discutir e debater o papel do direito na indústria da moda. O evento, aberto à comunidade local, atraiu uma grande audiência e teve suas inscrições esgotadas rapidamente. Este Congresso não só destacou a relevância do direito da moda, mas também demonstrou o crescente interesse e a demanda por conhecimento na área. Assim, crescente adesão de juristas e acadêmicos à área indica um futuro promissor para a disciplina, com novas pesquisas, debates e práticas jurídicas surgindo para atender às necessidades específicas da indústria da moda.

O avanço do direito da moda no Brasil é um reflexo da dinâmica e da evolução constante do campo jurídico. O direito da moda, embora ainda incipiente no Brasil, está ganhando cada vez mais espaço graças a iniciativas de estudiosos e entusiastas.

Portanto, a minha contribuição como professora pesquisadora e o trabalho pioneiro da Comissão de Direito da Moda na OAB da subseção de Águas Claras/ DF, está ajudando a construir uma base sólida para a disciplina no Brasil e a fomentar um ambiente de aprendizado e discussão que promete enriquecer tanto a academia quanto a prática jurídica.

Por fim, o futuro do direito da moda no Brasil parece promissor, e o país pode se tornar um importante centro de excelência para essa área emergente do direito.

---

18   14.074 pessoas por km² na região, conforme dados de 2022 do IPEDF (Instituto de Pesquisa e Estatística do Distrito Federal). Disponível em https://www.ipe.df.gov.br/. Acesso em: 28 jul. 2024.

19   Águas Claras é conhecida por ser uma região moderna e uma região que incentiva o empreendedorismo, tendo sido premiada no II Prêmio Sebrae-DF Cidade Empreendedora. Disponível em: https://agenciabrasilia.df.gov.br/2024/04/14/regioes-administrativas-sao-premiadas-por-iniciativas-empreendedoras-nas-cidades/. Acesso em: 28 jul. 2024.

O ESTUDO DO DIREITO DA MODA COMO AGENTE DE TRANSFORMAÇÃO DO MERCADO

Camila Pires[20]

Vivemos em um mundo cada vez mais dinâmico, caracterizado por uma rápida ascensão tecnológica e sucessivas mudanças nos comportamentos e padrões de consumo da sociedade. Esse cenário exige constante atualização e aprimoramento dos profissionais, incluindo os advogados. A especialização em áreas mercadológicas, como o Direito da Moda, pode elevar a atuação de um advogado a um novo patamar.

Atualmente, advogados que, como eu, trabalham com assessoria para o mundo corporativo, precisam atuar como *business affairs* nos negócios de seus clientes. Isso significa contribuir não apenas com conhecimento jurídico, mas também participando ativamente na construção e desenvolvimento do negócio. Para isso, é fundamental que o advogado conheça profundamente o setor em que deseja atuar, oferecendo uma assessoria jurídica com a expertise necessária em todos os aspectos do negócio, algo que só estudos específicos podem proporcionar.

Minha atuação junto a empresários do mercado da moda precedeu meus estudos sobre o Direito da Moda. Ao me deparar com as necessidades desses clientes, busquei informações qualificadas e encontrei esse ramo mercadológico do Direito, já reconhecido e consolidado pela OAB, mas ainda pouco conhecido pelos profissionais da moda. Quando me aprofundei no assunto e busquei

---

20 Advogada especialista em LL-M Fashion Law pela Universidade Presbiteriana Mackenzie, pós-graduanda em Direito Contratual e Responsabilidade Civil pela ESA Nacional, coordenadora da Comissão de Estudos em Direito da Moda da 22ª Subseção de São José do Rio Preto da OAB/SP, membro da Comissão Especial de Direito da Moda da OAB/SP, membro da Comissão Permanente de Estudos em Fashion Law do IASP. E-mail: advcamilapires@gmail.com.

especialização, aumentei minha autoridade na área, ganhando maior espaço e reconhecimento junto aos clientes.

Na minha atuação à frente da Comissão de Estudos em Direito da Moda da 22ª Subseção de São José do Rio Preto da OAB/SP, tive a oportunidade de organizar e participar de encontros e grupos de estudo, dar entrevistas, participar de congressos e falar sobre o Direito da Moda em cerimônias de entrega de carteiras profissionais da OAB aos novos advogados. Isso não só ampliou meu conhecimento, como também me permitiu fazer contatos com muitos outros profissionais do Direito e da moda, demonstrando o valor das comissões da OAB como poderosa ferramenta de networking.

Devido ao cargo que ocupo na comissão, fui convidada a falar sobre Direito da Moda em uma rádio popular da cidade, e o que era para ser uma participação única acabou se tornando três, devido ao interesse da população, incluindo empreendedores, consumidores e profissionais diversos da área que nunca tinham ouvido falar sobre o assunto e tinham vários estigmas e dúvidas. Popularizar o tema é essencial, não só para despertar interesse e proporcionar conhecimento, mas também para o reconhecimento e procura pelos advogados especializados na área.

O trabalho realizado pelos coordenadores de pastas e comissões da OAB é crucial para desmistificar o Direito da Moda. Trata-se de um tema que enfrenta preconceitos tanto da sociedade quanto da comunidade de advogados, que muitas vezes, sem conhecimento sobre o assunto, o consideram raso e supérfluo. No entanto, o estudo do Direito da Moda é complexo e de grande nível intelectual, exigindo especialização e conhecimento em diversas áreas do Direito, e as comissões trabalham arduamente para que toda sociedade possa enxergar sua importância.

Os estudos também têm proporcionado um novo olhar para a área, uma vez que todos os aspectos e problemas do mercado da moda são esmiuçados pelos advogados, que juntos buscam melhorias no setor, o que tem proporcionado uma moda mais justa, ética, responsável e sustentável.

Portanto, propagar com seriedade e responsabilidade o estudo do Direito da Moda, seja através da OAB ou de outras instituições, além de fortalecer a advocacia e demonstrar novas áreas de atuação, também beneficia os empresários, agentes do mercado e a sociedade em geral, ao proporcionar informação e acesso a profissionais qualificados.

OS TRABALHOS DESENVOLVIDOS COM A TEMÁTICA DIREITO DA MODA NA OAB/PR DE 2016 A 2021

Carmem Iris Parellada Nicolodi[21]

Desde o ano de 2016, quando então assumi o cargo de vice-presidente da Comissão de Assuntos Culturais e Propriedade Intelectual da Ordem dos Advogados do Brasil, Seção Paraná, na gestão 2016/2018, desenvolvemos eventos e trabalhos envolvendo a temática do Direito da Moda, especialmente suas fortes relações com a Arte, a Cultura e a Propriedade Intelectual.

No ano de 2016 após ser instituída oficialmente uma Subcomissão de Direito da Moda, eram realizadas reuniões mensais dentro da Sede da Seccional com o objetivo de estruturar os estudos, bem como planejar palestras e eventos, sendo que as mesmas ocorreram de até o fim de 2019 com o intuito de qualificar os membros participantes.

Foi realizado o primeiro evento denominado **A Moda como expressão de Arte e Cultura**, com palestra do fotógrafo internacional Luciano Filetti, que já havia fotografado várias modelos e celebridades para muitos editoriais de Moda, bem como de uma estilista Curitibana, e no mês seguinte, dado o grande sucesso e repercussão imediatamente no mês de junho saiu uma reportagem na Revista impressa da OAB/PR, já esclarecendo sobre essa

---

21   Advogada, bacharel em Direito pela UFPR, Especialista em Direito do Seguro e Empresarial, em Metodologia Cientifica e Especializando em Moda: Arte, Tecnologia e suas Expressões, foi vice-presidente da Comissão de Assuntos Culturais e Propriedade Intelectual da OAB/PR de 2016 a 2018, Presidente da Comissão de Assuntos Culturais da OAB/PR de 201 a 22021, Conselheira Seccional da OAB/PR de 2022 a 2024, Coordenadora da Comissão de Estudos de Direito da Arte e Cultura da ABPI , Representante Regional PR da ABPI, Coordenadora do Nucelo de Moda e Design da APAP, membro fundadora do Observatório da Cultura Paranaense. Membro efetivo do IAB.

nova temática, bem como a relevância do tema para a advocacia, consolidando ainda mais a, na época Subcomissão.

Em novembro de 2018 novamente foi realizado um grande evento denominado Apropriação Cultural, Semiótica e Direito da Personalidade da Moda, com a professora paulista Sonia Maria Delboux e a professora da PUC/PR Vanessa Weiss Roncaglio que também trouxe bastante público lotando a sala diante da riqueza do tema.

Desse modo, nos dois primeiros anos o objetivo da Subcomissão era de estruturar os estudos e a temática e foi encerrada a gestão com muito êxito e dentro dos objetivos traçados de reforçar a importância do tema.

Em 2019, com uma nova gestão na Presidência da Seccional da OAB/PR, assumi a Presidência da Comissão de Assuntos Culturais, onde foram então criados vários Grupos de Trabalho temáticos e um deles era o GR Direito da Moda, onde participavam além de advogados estudantes, também estilistas, designers e professores ligados a área para assessorarem os trabalhos a serem desenvolvidos.

As reuniões do GT eram mensais, e no ano de 2020 com a pandemia e suas restrições continuaram a serem mensais, mas de modo virtual, onde então foram desenvolvidos muitos trabalhos de extrema relevância com o período em que enfrentamos.

No dia 24 de abril de 2019, durante a Semana Fashion Revolution, realizamos uma palestra sobre práticas na cadeia produtiva da moda e análise das condições de trabalho análogo ao escravo presentes no sistema, tendo como palestrantes Letícia Soster Arrosi e Luiz Antonio Câmara, bem como o lançamento da obra de Leticia, fruto de sua dissertação de Mestrado.

No dia 4 de julho de 2019, as Comissões de Assuntos Culturais e a de Propriedade Intelectual realizaram uma Reunião Aberta com o tema **VAMOS FALAR DE ARTE, MODA E DESIGN** com a participação de Elyane Fiuza (Diário de uma estilista paranaense), Uiara Bartira (Vida de Artista), Marcelo Conrado (Direito, Arte e Liberdade) e Saulo Calazans (Tirando o registro de desenho industrial do armário).

No dia 24 de abril de 2020, bem no início da pandemia, em parceria com a UTFPR, com transmissão online ao vivo (Zoom e YouTube) e novamente na Semana Fashion Revolution, foi realizado o evento com tema geral "MODA, ODS E A PANDEMIA", sendo apresentados os seguintes assuntos: A Titularidade de Invenções e Criações na Moda e no Design – pela Dra. Maria Inez Araújo de Abreu; e Trabalho Análogo ao Escravo na Indústria da Moda – pela Dra. Maíra S. Marques da Fonseca, participando como mediadora, a Presidente Carmem Íris Parellada Nicolodi.

No dia 25 de junho de 2020, aconteceu o evento webinar MODA E MARCAS NA ERA DO COVID- 19, transmitido pelo YouTube da ESA, com abertura de Carmem Íris Parellada Nicolodi e Maria Inez Araújo de Abreu, mediação de Marcelle Espindola Barros e os seguintes palestrantes: Luca Guidobaldi e Renata Soraia Luiz. Foi o primeiro evento internacional em conjunto com a Comissão de Propriedade Intelectual da OAB/PR, apoiado pelo IAPPR (Instituto dos Advogados do PR), ABPI (Associação Brasileira da Propriedade Intelectual), CESAPR (Centro de Estudos das Sociedades de Advogados) e ABAPI (Associação Brasileira dos Agentes da Propriedade Industrial), com Selo Curitiba Cidade do Design da Unesco.

A nanotecnologia, ciência que cria materiais através dos átomos, vem transformando o mundo em diversas áreas. Não seria diferente com a indústria têxtil, a qual passou a introduzir a técnica em tecidos e fios, aumentando a funcionalidade da peça, além de aprimorar a capacidade de criação. A abertura do evento, em parceria com a Universidade Tecnológica Federal do Paraná, foi realizada por Rômulo Augusto Araujo Bronzel e Fernando Previdi Motta, tendo como palestrantes: Fabricio Maestá Bezerra e Frederica Richter e mediadores Maria Vitória Kaled Costa e a professora Dra.Cindy Renate Piassetta Xavier Medeiros, com o apoio da Comissão de Propriedade Intelectual da OAB/PR e o Selo da Unesco, Curitiba Cidade do Design.

O projeto "Moda: Escambo e Desapego – 1ª edição", foi iniciado no ano de 2019 e adaptado em cada fase do ano de 2020.

Criado com o objetivo de incentivar a circulação de bens do vestuário já em desuso, fomentando a economia circular das peças de roupas guardadas nos armários, estimulando a observação aos padrões sustentáveis de consumo e um olhar diferente e reflexivo sobre o consumo na sociedade. Isto porque a indústria têxtil é uma das mais poluentes no mundo, visto que 85% das roupas produzidas não são reaproveitadas, indo para o lixo. A intenção do projeto é alertar a comunidade local da quantidade de lixo e resíduos que são descartados, bem como repensar sobre o consumo exacerbado de produtos têxteis. Preponderantemente online, o projeto foi desenvolvido através de Lives e oficina de reutilização criativa, com apresentação de vídeo da designer e membro consultora da OAB/PR, Elyane Fiuza. Este vídeo circulou pelo Instagram da Comissão de Assuntos Culturais e outras mídias sociais, mostrando como reutilizar camisas sem uso, transformando-as em sacolas e máscaras. Contudo, a arrecadação de roupas e as outras etapas para a conclusão do projeto original, ou seja, o escambo propriamente dito, bem como a doação dos itens não trocados, foram adiadas para momento propício em razão da situação pandêmica. Assim, no dia 10 de setembro de 2020 foi realizada live sobre o tema, com abertura e mediação de Carmem Íris Parellada Nicolodi, tendo como palestrantes Luana Toniolo, Heloisa Garret, Lia Perini e Edson Corner.

Esse Projeto estava inscrito na Campanha ODS 2021 da OAB/PR recebendo a Comissão de Assuntos Culturais Láurea de Agradecimento e reconhecimento da relevância do tema, e encaminhado um relatório sobre o mesmo para a ONU ante a adesão da Seccional ao Pacto Global.

No ano de 2021 no dia 22 de abril, durante a Semana Fashion Revolution em parceria com a UTFPR, ocorreu um debate sobre o tema "APROPRIAÇÃO CULTURAL NA AMÉRICA LATINA"., com representantes da Fashion Law América Latina Ross Barrantes, do Presidente de la Comisión de Defensa del Consumidor do Chile, Johan Flores Vilegas e outros convidados.

No dia 9 de julho foi realizada uma Live em conjunto com a Comissão dos Advogados Iniciantes com o tema A Nova Onda da Advocacia: Direito da Moda.

E para concluir essas breves linhas sobre mais de 6 anos de trabalhos, onde apenas foram indicados alguns dos Projetos, eis que toda reunião mensal recebia um convidado ilustre para palestrar sobre o tema, incluindo as maiores autoridades do tema no território nacional, mostra que tanto a arte como a moda são formadas por diferentes estilos resultantes de influências que as alcançam sob as mais diversas configurações, e o que é denominado de inspiração em arte e design também ocorre com a moda, porque a criação representa muito mais do que um simples trabalho. Nessa perspectiva existe todo um processo em que o elemento principal é a plena criatividade, sendo na arte que surgem o design e a moda.

O PROTAGONISMO DO FASHION LAW: direito da moda no estado do Ceará

Dayane Nayara Alves Colaço[22]

O tema Moda é um objeto de pesquisa, o qual necessita de aprofundamento no meio acadêmico, pois quanto mais robustos forem os estudos sobre este complexo instrumento de percepção humana, em consequência, maior será o conhecimento da sociedade sobre a própria economia e desenvolvimento.

Ora, sabe-se que a disseminação de conhecimento Moda seu deu, no Brasil, a partir da década de 1980, uma vez que o brasileiro ao qual desejasse adquirir conhecimento sobre moda era autodidata ou caso desejasse aperfeiçoamento, tinha de viajar para outro país, pois não existiam no Brasil cursos acadêmicos para aprofundamento de seu conhecimento.[23]

Nesse sentido, cita-se o livro de Gilda de Mello e Souza, intitulado "O Espírito das Roupas", do qual foi fruto de pesquisa em Doutorado de Sociologia na USP, em 1950, no entanto, publicado apenas em 1987, exemplifica a resistência enfrentada pelo objeto Moda durante muitos anos.

Atualmente, o cenário deslinda-se em melhorias significativas, embora, no direito, sobretudo, nos programas de pós-graduação os profissionais enfrentam dificuldades em seleções de projetos cujo tema central seja Moda.

Em conseguinte, evidencia-se o entendimento de Bourdieu "a moda é um assunto muito prestigiado na tradição sociológica

---

22 Advogada. Presidente da Câmara Setorial da Moda-Agência de Desenvolvimento do Estado do Ceará. Vice-Presidente Adjunta da Comissão de Direito da Indústria e Comércio da Moda da OAB-CE. Mestra em Direito econômico pela UCAM-RJ. Especialista em Fashion Law pela FASM-SP. Extensão em Fashion Law pela UERJ. Especialista em Direito Fiscal pela PUC-RJ e MBA em Gestão Tributária pela USP. Professora e autora.

23 RECH, S. R. **O gestor de design de moda**: agente diferenciador no mercado globalizado. Actas de Diseño, v. 2, p. 209-215, 2007.

e, ao mesmo tempo, aparentemente um pouco frívolo". O autor complementa citando que "há lucros científicos em se estudar cientificamente objetos indignos".[24] Ou seja, apesar de todas as resistências perpassadas pelo objeto moda tem-se prognósticos mais positivos diante do enfrentamento da pesquisa.

Em paralelo, há o temário Direito da Moda[25], conhecimento recém estruturado e, consequentemente, em notada construção científica. Logo, se faz imprescindível aquecer as construções científicas acadêmicas voltadas para o objeto em tela. No entanto, para isto em si acontecer, é necessário incitar o estudo do objeto por meio dos docentes, bem como fomentar a presença de profissionais especialistas em vários eixos do setor da indústria, a fim de alcançar efetividade e espaço.

Em relação à conexão da pesquisa para fomentar espaços na prática da indústria cita-se o Estado do Ceará. Em 2020, foi apresentado às Universidades o Projeto para disciplina optativa de Direito da Moda no Cursos de Direito e de Moda. Em um primeiro momento, houve resistência, mas aos poucos os espaços foram preenchidos e, consequentemente, consagrou-se a implementação da disciplina em duas universidades: na Universidade de Fortaleza e na UniAteneu.

Em conseguinte, tais movimentos fortaleceram os discursos acerca do Fashion Law: Direito da Moda, no Estado do Ceará, diante de oportunidades para além da OAB. Em 2021, a advogada especialista em Fashion Law Dayane Nayara foi convidada a integrar a Câmara Setorial da Moda da Agência de Desenvolvimento do Estado do Ceará.

---

24 BOURDIEU, P. **Alta costura e alta cultura. Questões de sociologia.** Rio de Janeiro: Marco Zero, 1983. p. 154-161.

25 pontua-se o posicionamento de Alves, a qual compreende que o ideal seria a utilização do termo "direito da moda" e não "*fashion law*", pois faz parte de um empenho para afirmação e disseminação da Moda brasileira, vez que é essencial fortificar a essência nacionalista do setor. No entanto, atento a globalização sempre e, consequentemente, em diálogo com a indústria internacional optar pelo termo em inglês. ALVES, Dayane Nayara da Silva. **Impactos Sociais e econômicos da Pirataria na Indústria da Moda.** Rio de Janeiro: Lumen Juris, 2021, p. 40.

Em 2022, foi nomeada Secretária e, em 2023, tornou-se a primeira mulher a assumir a Presidência da Câmara Setorial da Moda do Estado. Ressalte-se que é um resultado novo no cenário, sobretudo, porque a advogada não é industrial.

Entretanto, sua indicação se deu em decorrência da seriedade envolta do Direito da Moda aplicado aos trabalhos desenvolvidos pela Câmara, os quais são notadamente relevantes para o setor, pois busca-se desenvolver ofícios em atenção à tributação do setor têxtil e de confecção cearense, apresentam-se nas reuniões temas relacionados aos direitos trabalhistas junto de visitas técnicas à fábricas e a cidades fomentadoras de produção.

Discute-se os modelos contratuais, os tributários e os ambientais aplicados à área de Moda, bem como incita debates perante a todos os atores, nos quais restam evidenciados o papel do advogado como facilitador das atividades empresariais.

Ademais, explicita que a advocacia voltada para a indústria da Moda oferece olhar consultivo para o setor e, desse modo, viabiliza a diminuição de litígios aos quais podem cercear o desenvolvimento empresarial de uma Marca, tendo em vista que, atualmente, o consumidor está bem mais preocupado com as demandas sociais das empresas do que antes, além de esse consumidor ter um maior conhecimento acerca dos direitos do consumidor.

Desse modo, demonstra-se a boa desenvoltura do temário perante o Poder público e privado, além de evidenciar a importância de se ter no mercado de Moda profissionais especialistas em direito da moda.

FASHION LAW: estudos, trabalho e desenvolvimento

Flávia de Oliveira Santos do Nascimento[26]

1. Introdução

O Fashion Law, ou Direito da Moda, é uma área emergente do direito que busca compreender e regulamentar as complexas interações legais no setor da moda. Este campo abrange uma ampla gama de questões, incluindo propriedade intelectual, contratos, comércio internacional, direitos do consumidor, sustentabilidade, ética, dentre outras. No Brasil, a indústria da moda desempenha um papel significativo na economia, contribuindo para o PIB do país e gerando milhões de empregos. Segundo dados da Associação Brasileira da Indústria Têxtil e de Confecção (ABIT)[27], o setor têxtil e de confecção é um dos maiores empregadores da indústria de transformação no Brasil, destacando a importância de uma abordagem jurídica sólida para apoiar e proteger suas diversas operações.

O crescimento contínuo da moda brasileira, com sua rica diversidade cultural e criatividade, traz consigo desafios legais únicos que demandam atenção especializada. A globalização do mercado da moda, aliada às rápidas inovações tecnológicas, intensificou a necessidade de regulamentações adequadas que possam proteger os interesses dos criadores e consumidores. Neste contexto, o Fashion Law emerge como uma disciplina crucial, oferecendo ferramentas legais para abordar questões

---

26 Doutora em direito ambiental internacional. Mestre em direito ambiental. Advogada e professora da Universidade Católica de Santos. Conselheira Estadual e Presidente da Comissão de Direito da Moda da OAB/SP.

27 ABIT. Associação Brasileira de Indústria Têxtil. **Perfil do setor.** Disponível em: https://www.abit.org.br/cont/perfil-do-setor. Acesso em: 28 jul. 2024.

como a pirataria de designs, as práticas trabalhistas justas e a sustentabilidade ambiental.

No âmbito do estado de São Paulo, da Comissão de Direito da Moda da OAB/SP e da Universidade Católica de Santos[28], estudos recentes sobre Direito da Moda no Brasil têm se intensificado, com iniciativas acadêmicas e profissionais focadas em desenvolver uma compreensão mais profunda das questões jurídicas específicas da indústria. A promoção de cursos, seminários e publicações dedicadas ao tema, refletindo o crescente interesse e a relevância deste campo aumentaram consideravelmente desde 2022. Esses esforços buscam não apenas educar os profissionais do direito, mas também fornecer aos designers, empreendedores e demais stakeholders da moda os conhecimentos necessários para navegar pelas complexidades legais do setor.

Este artigo tem como missão demonstrar o progresso e a diversidade dos estudos em Fashion Law que vêm sendo desenvolvidos no estado de São Paulo, sobretudo na Comissão de Direito da Moda da OAB/SP e da Universidade Católica de Santos. Ao destacar pesquisas e práticas exemplares, esperamos contribuir para o fortalecimento e a consolidação desta área no cenário jurídico brasileiro, promovendo um ambiente mais seguro e inovador para a indústria da moda.

2. Novos paradigmas no estado de São Paulo

O estado de São Paulo, sendo o maior polo econômico e cultural do Brasil, tem desempenhado um papel fundamental na consolidação do Fashion Law como uma disciplina jurídica relevante e inovadora. A seccional paulista da Ordem dos Advogados do Brasil (OAB/SP) tem se destacado por suas iniciativas pioneiras na promoção e desenvolvimento do Direito da Moda, criando paradigmas de atuação que podem servir de modelo para outras regiões do país.

Um dos passos mais significativos dados pela Comissão de direito da moda da OAB/SP foi a sua estruturação em diversas

---

28 Campos de atuação da autora, objetos do presente artigo.

pastas de trabalho, cada uma focada em aspectos específicos da indústria e da advocacia. Essa divisão em pastas permite uma abordagem mais especializada e aprofundada das questões jurídicas, promovendo debates e estudos que refletem a complexidade e a diversidade do setor da moda. As pastas incluem áreas como antipirataria, direito autoral, direito do consumidor, direitos humanos e relação de trabalho, *compliance* e ESG e direito ambiental, cada uma contribuindo para um entendimento mais completo e integrado do *Fashion Law*.

Além das citadas pastas, foram criadas as de relações institucionais e relacionamento com a subsecções. A primeira com o intuito de fomentar o direito da moda junto do Poder Judiciário, Ministério Público, Polícia Civil, CADE, INPI, dentre outras instituições públicas e privadas. A segunda para expandir o conhecimento sobre direito da moda a todo o estado de São Paulo, fomentando a criações de Comissões junto a subseções e proporcionando suporte por meio de palestras *workshops* e seminários.

Para além da atuação da OAB/SP, universidades e grupo de estudos têm produzido artigos e pesquisas científicas na área. E, considerando que o direito da moda não possui legislações específicas, as pesquisas são necessárias para produzir conhecimento, bem como estabelecer novos limites e aplicações do direito tradicional a essa nova área do jurídica.

Além disso, o intercâmbio da Comissão de Direito da Moda da OAB/SP com Comissões de outras seccionais da OAB é crucial para a disseminação de boas práticas e para a uniformização de entendimentos e estratégias jurídicas no campo do Fashion Law em todo o país. Essa colaboração entre diferentes regiões permite a troca de experiências, conhecimentos e soluções para problemas comuns, fortalecendo a rede de advogados e profissionais que atuam na defesa e na regulação do setor da moda.

3. Conclusão

Os novos paradigmas de atuação no estado de São Paulo, impulsionados pela divisão da Comissão da OAB SP em pastas de trabalho e pelo desenvolvimento científico, demonstram o compromisso com o fortalecimento do Fashion Law no Brasil. Através de iniciativas inovadoras e parcerias estratégicas, a OAB SP está pavimentando o caminho para um futuro em que o Direito da Moda seja uma disciplina estabelecida, contribuindo para a proteção e o crescimento sustentável da indústria da moda brasileira.

Dessa forma, a atuação integrada e colaborativa da OAB/SP e de suas seccionais não só eleva o padrão do Fashion Law no Brasil, mas também assegura que as particularidades e os desafios de cada região sejam abordados de maneira eficaz, contribuindo para um cenário jurídico mais robusto e adaptável às necessidades da indústria da moda.

O intercâmbio nacional e internacional de ideias e práticas jurídicas proporciona um ambiente mais rico e dinâmico para o desenvolvimento do Direito da Moda, garantindo que o Brasil continue a ser um protagonista na cena global da moda, tanto em termos criativos quanto jurídicos.

A DEMOCRATIZAÇÃO DO ENSINO DO DIREITO DA MODA

Frederica Richter[29]

Desconhecimento, e por consequência o preconceito, marcam a disseminação do estudo e debate o Direito da Moda pelo país. No início, apenas os grandes centros possuíam cursos e eventos qualificados para o debate do tema. Aos interessados de regiões mais afastadas do país, era necessário o deslocamento quase que constante para obter qualificação, além do apoio da família e colegas de trabalho, devido ao alto investimento financeiro. Desta forma, o conhecimento ficava restrito a poucos.

Por meio das Comissões temáticas de seccionais e subseções da Ordem dos Advogados do Brasil teve início a democratização do estudo e debate do tema, formando o maior ecossistema de Direito da Moda do mundo, com mais de 20 comissões distribuídas de norte a sul pelo país, ainda que por ora não tenha sido reconhecida a Comissão temática junto ao Conselho Federal da OAB[30].

Em Santa Catarina, a primeira Comissão foi criada no ano de 2017, na subseção da OAB de Balneário Camboriú, pelo então presidente Dr. Juliano Mandelli, e posteriormente foi criada a Comissão permanente de Direito da Moda junto a seccional catarinense.

---

29   Advogada e perita em Propriedade Intelectual (UFRGS). Mestre em Propriedade Intelectual e Transferência da Tecnologia para Inovação (UFSC). Presidente da Comissão de Direito da Moda da OAB/SC. Representante regional e Coordenadora da Comissão de Cultura e Arte da Associação Brasileira de Propriedade Intelectual (ABPI). Indicada pelo Fashion Law Institute Istanbul-Turquia como "Most Influential Fashion Lawyer of Brazil Award". Autora e coautora de livros jurídicos.

30   Em junho de 2022, com o apoio de outras seccionais, a seccional catarinense encaminhou a CFOAB uma proposta para a criação de uma Comissão Especial de Direito da Indústria da Moda no âmbito do Conselho Federal da OAB (OAB/SC, 2022).

1. O direito da moda como ferramenta de empoderamento das minorias na advocacia

Ao longo de décadas, os cargos de poder têm se concentrado nas mãos de homens brancos, heterossexuais e de meia idade; de modo a garantir que sua supremacia, seus gostos e interesses permanecessem inabalados.

As minorias restavam conformar-se com os cargos em áreas de menor prestígio.

Dada sua relevância e capilaridade, ainda que visto como algo fútil pelos preconceituosos, o Direito da Moda rapidamente se expandiu através das comissões temáticas, majoritariamente presididas por mulheres, e passou a ter centenas de profissionais (homens e mulheres) atuantes em todo o país.

Este fenômeno se justifica porque segundo a Associação Brasileira da Indústria Textil, o Brasil é o último país do Ocidente a possuir todas as etapas da cadeia têxtil completas. Além disso, a indústria da moda é a segunda indústria empregadora do país, ficando atrás apenas do setor de Alimentos (ABIT, 2024). Esses dados têm sido repetidos a exaustão pelos profissionais que atuam com o Direito da Moda visando justificar a relevância do tema, ocorre que transformar uma cultura que discrimina as minorias em uma que libera o pleno potencial econômico dos mesmos está longe de ser uma tarefa fácil (Dychtwald; Larson, 2011, p. 5).

No ensino superior e na advocacia, as mulheres estão começando a ser encontradas em número maior que os homens, pois juntamente com outros segmentos da minoria[31], estão recebendo as ferramentas necessárias para mudar a sua sorte: independência, conhecimentos e capacidades para trabalhar.

Estamos presenciando uma redistribuição de influência, conhecimentos, renda e poder.[32] Criar um mundo onde todos

---

31 "Segundo o levantamento Perfil Adv, divulgado no dia 26 de abril de 2024 pela CFOAB, a advocacia é uma profissão majoritariamente feminina: 50% de mulheres, 49% de homens e 1% pertencente a outras identidades de gênero – pessoas não binárias (0,2%), transgêneros (0,1%), travestis (0,1%) e outras (0,1%)" (CFOAB, 2024).

32 Frederica Richter foi a primeira advogada brasileira a ter o trabalho na área de Direito da Moda reconhecido internacionalmente (UFSC, 2019).

possam aplicar suas amplas gamas de talentos para a resolução de problemas pode definir o nível de competitividade de uma nação e isso depende significativamente de educar e utilizar os talentos de sua população de modo mais equilibrado (Dychtwald; Larson, 2011, p. 5-8).

O reconhecimento e o uso de sua própria influência é território novo para mulheres[33] (Dychtwald; Larson, 2011, p. 13), membros da comunidade LGBTQIAPN+ e para as pessoas que fazem parte das minorias étnicas e raciais[34].

2. A grande virada

Em 2018, foi criado o primeiro curso online de Direito da Moda do Brasil, por iniciativa da extinta escola Seu Futuro.com, sob a coordenação desta autora. A escola, voltada para áreas inovadoras do Direito, foi fundada pelos renomados professores Cristiano Sobral, Cristiane Dupret e Renato Saraiva, os quais também possuem vasta experiência no mundo digital. Gravado em alta qualidade de imagem e som nos estúdios do Complexo de Ensino Renato Saraiva (CERS), o curso foi um verdadeiro marco no ensino do Direito da Moda, e rapidamente conquistou alunos nos quatro cantos do Brasil, e no exterior.

Entretanto alguns profissionais do segmento tiveram dificuldade em entender o que aquela iniciativa realmente significou: a democratização do ensino do Direito da Moda no país (UFSC, 2019).

A pandemia iniciada em 2020 marcou profundamente a forma que a sociedade se relaciona, e um dos maiores reflexos foi observado no segmento educacional.

Isto porque a escolas e universidades brasileiras, de modo geral, não possuíam uma metodologia e nem sequer estrutura para

---

33 "Em 92 anos, após a adoção das eleições paritárias de gênero no Sistema OAB, a atual gestão do CFOAB tem duas mulheres na direção da entidade. Nacionalmente, há cinco seccionais presididas por mulheres: Bahia, Mato Grosso, Paraná, Santa Catarina e São Paulo" (CFOAB, 2024).

34 "O espaço de trabalho jurídico reflete as desigualdades estruturais para mulheres, LGBTQIAP+ e outros grupos sociais" (CFOAB, 2024).

o Ensino a Distância (EAD). Professores, escolas e Universidades precisaram se adequar ao "novo normal".

A pandemia passou, mas algumas lições daquele período jamais serão esquecidas. Nesta época, o referido curso online já estava em sua segunda edição, e muitos outros vieram depois.

3. Considerações finais

A jornada para o desenvolvimento desta nova área do Direito ainda será longa, e de 2011 até os tempos atuais, podemos afirmar os profissionais do Direito da Moda já alcançaram relevantes conquistas.

Através da educação e da crescente conscientização da comunidade jurídica e empresarial para temática abordada pelo Direito da Moda, um novo campo de atuação vem sendo aberto para os operadores do Direito, entre eles advogados, paralegais e peritos.

A sociedade como um todo, tende a se beneficiar com o desenvolvimento de profissionais neste novo segmento. Basta trabalharmos com seriedade para quebrar as barreiras a ignorância e do preconceito.

REFERÊNCIAS

ABIT. Associação Brasileira da Indústria Têxtil. **Perfil do Setor**. 2024. Disponível em: https://www.abit.org.br/cont/perfil-do-setor. Acesso em: 29 jul. 2024.

DYCHTWALD, Maddy; LARSON, Christine. **O poder econômico das mulheres**: entenda como a independência feminina pode influenciar o mundo positivamente. Rio de Janeiro: Elsevier, 2011.

HORN, Rafael e Assis; SALOMÃO, Luis Felipe; SIMONETTI, José Alberto. **Perfil adv**: 1º estudo demográfico da advocacia brasileira. Brasília; Rio de Janeiro: OAB Nacional; FGV Justiça, 2024. 210 p. Disponível em: https://s.oab.org.br/arquivos/2024/04/68f66ec3-1485-42c9-809d-02b938b88f96.pdf. Acesso em: 29 jul. 2024.

OAB Nacional. **Perfil ADV**: pesquisa mostra que advocacia brasileira é majoritariamente feminina. 2024. Disponível em: https://www.oab.org.br/noticia/62211/perfil-adv-pesquisa-mostra-que-advocacia-brasileira-e-majoritariamente-feminina. Acesso em: 29 jul. 2024.

OAB Santa Catarina. OAB/SC encaminha ao CFOAB proposta da Comissão de Direito da Moda para criação de grupo de trabalho temático. 2022. Disponível em: https://www.oab-sc.org.br/noticias/oabsc-encaminha-ao-cfoab-proposta-comissao-direito-moda-para-criacao-grupo-trabalho-tematico/19973. Acesso em: 29 jul. 2024.

UFSC. **Mestranda da UFSC recebe prêmio da área de Direito da Moda, em Istambul**. 2019. Disponível em: https://noticias.ufsc.br/2019/09/mestranda-da-ufsc-recebe-premio-da-area-de-direito-da-moda-em-istambul/. Acesso em: 29 jul. 2024.

A IMPORTÂNCIA DOS ESTUDOS NO DIREITO DA MODA:
desvendando um campo promissor

Jamille Santos Machado[35]

Como Secretária Geral da Comissão de Direito da Moda OAB/DF – Seccional Brasília, é com entusiasmo que abordo a relevância crescente dos estudos especializados neste campo dinâmico e multifacetado. O Direito da Moda insurge não apenas como uma disciplina jurídica especializada, mas como um campo interdisciplinar que transcende os limites tradicionais do direito, envolvendo elementos de criatividade, inovação, propriedade intelectual e responsabilidade social.

Como advogada, entendo ser crucial compreendermos não apenas a relevância econômica e cultural da indústria da moda, mas também os desafios legais e as oportunidades que surgem nesse setor.

A importância do Direito da Moda para a advocacia pode ser destacada em várias frentes, tais como:

1. **Propriedade Intelectual**: Protege designs únicos, marcas registradas, patentes de design, contratos de licenciamento e direitos autorais de estilistas e marcas, incentivando a inovação e criatividade na moda, assim como evitando a falsificação e a pirataria, que são frequentes no setor.
2. **Compliance e Regulamentação**: A indústria da moda está sujeita a uma variedade de regulamentações, desde

---

35 Advogada inscrita na OAB/DF. Pós-graduada em processo civil aplicado (ATAME). Secretária Geral da Comissão de Direito da Moda OAB/DF. Certificada em didática de ensino superior (ATAME), investigação criminal e instauração de ação penal (FGV), capacitação de conciliadores (TJDFT), argumentação jurídica (FGV), direitos autorais e sociedade (FGV) e contratação de trabalhadores (FGV).

questões trabalhistas e ambientais até normas de segurança do produto e etiquetagem.
3. **Negociação e Resolução de Conflitos:** Conflitos são inevitáveis em qualquer setor comercial, e a moda não é exceção. Advogados de Direito da Moda são capacitados para negociar contratos complexos entre designers, fabricantes, distribuidores e varejistas, bem como para resolver disputas de forma eficiente e favorável aos seus clientes.
4. **Inovação e Tecnologia:** A tecnologia está transformando rapidamente a indústria da moda, com avanços como a impressão 3D, *blockchain* (cadeia de blocos) e moda sustentável. Advogados de Direito da Moda devem aconselhar seus clientes sobre as implicações legais dessas inovações e ajudar a desenvolver estratégias para proteger e explorar novas tecnologias.
5. **Proteção ao Consumidor**: Garante que os produtos atendam a padrões de segurança e qualidade, além de regular práticas de publicidade e marketing para proteger os consumidores contra enganos e fraudes.
6. **Sustentabilidade e Responsabilidade Social:** implementação de políticas de responsabilidade social corporativa e garantia de que as empresas do setor operem de maneira ética e transparente.
7. **Globalização**: Com a globalização do mercado de moda, o direito internacional da moda se torna fundamental para resolver questões transfronteiriças como comércio internacional, direitos de propriedade intelectual em múltiplas jurisdições e conformidade regulatória.

O Direito da Moda não é apenas um campo emergente, mas uma área de estudo e prática jurídica essencial para o desenvolvimento sustentável e ético da indústria global da moda.

A minha responsabilidade e compromisso como Secretária Geral da Comissão de Direito da Moda OAB/DF é destacar a importância da educação contínua e da capacitação profissional neste campo, promovendo, em parceria com os demais membros da Comissão e outros profissionais da área, programas de formação, palestras, workshops e conferências que não apenas atualizem os advogados sobre as últimas tendências e desenvolvimentos legais na moda, mas também incentivem a troca de conhecimentos e melhores práticas entre os profissionais da área.

SUPERANDO OBSTÁCULOS NO DIREITO DA MODA

João Gabriel Girão Soares[36]

O Direito da Moda, ainda muito conhecido como "Fashion Law", continua a sofrer forte resistência, talvez nem tanto quanto sofria a muitos anos atras. Particularmente me considero um novato no setor, haja visto que venho atuando na área a sete anos, seja dando aula de matérias voltadas ao Direito da Moda, seja palestrando sobre o tema.

Apesar desses sete anos, a apenas cinco anos tive a oportunidade de conhecer mais sobre o assunto por meio de pesquisas, essas motivadas pelo meu esposo, que é designer e me abriu os olhos para o mundo da moda, me livrando de um preconceito com o Direito da Moda, o que me impedia de ceder a uma paixão, que hoje sei que não tem nada de fútil, e ainda uso como minha profissão e tenho conhecimento de causa para defender ambas as áreas: a da moda e a do Direito da Moda.

Contudo, foi apenas a três anos que eu tive o prazer de conhecer a Comissão de Direito da Moda de Brasília OAB-DF, na qual pude ingressar como Secretário geral adjunto. Naquele ano, de 2022, junto a presidente decidimos fazer o I Congresso da area, que viria a acontecer no Distrito Federal, o I Congresso de Direito da Moda do Centro Oeste.

Com o apoio do Instituto de Ensino Superior de Brasília, que de forma vanguardista entre as faculdades do Distrito Federal, me recebeu como palestrante de Fashion Law, para seus alunos do curso de designer de moda, levamos o tema ao conhecimento de mais pessoas de outras áreas. Quando falamos em Brasília, é uma

---

36 Advogado, professor, especialista em gestão pública pela faculdade Fortium Brasília, Especialista em direito civil e processo civil pela faculdade Estácio de Sá, Especialista em direito empresarial com habilitação em docência no ensino superior pela faculdade UNIMAIS, estudioso do direito da moda. Presidente da Comissão de Direito da Moda de Brasília OAB-DF, membro da Comissão de Direito da Saúde OAB-DF.

grande vitória, haja visto que é uma cidade muito pouco industrializada, e eventos do setor quase não ocorrem. O Congresso foi um evento de grande relevância, que teve uma boa audiência e continua a ser visualizado no "youtube".

Ainda no ano de 2022, ao ver a dificuldade dos consultores de imagem e sua desvalorização, propus a Comissão, a elaboração do projeto de lei para regulamentar a carreira do consultor de imagem,o que mostra o alcance dos profissionais do Direito da Moda. Fora da Comissão, minha atuação enquanto profissional do Direito da Moda, se dá de forma direta ao assessorar, tanto empresas, da indústria da moda, quanto profissionais da moda. Pude auxiliar empresas a registrarem seus desenhos industriais junto ao INPI, bem como suas Marcas. Assim como os designers de moda, que não sabiam como proteger suas coleções.

A proteção da Propriedade Intelectual (PI) é essencial para incentivar a inovação, assegurar que criadores e empresas sejam recompensados por seus esforços, e proteger os consumidores contra produtos falsificados de baixa qualidade e perigosos. A PI também ajuda a prevenir perdas econômicas significativas e combate atividades ilícitas relacionadas à falsificação.[37]

Passando para o ano de 2023 fui convidado para ser Vice-presidente da Comissão. Nesse ano, nasceu na comissão o projeto de provocarmos o judiciário, com a criação de um livro, pelos membros, de jurisprudência para juízes, ministros, advogados e juristas em geral. Com o livro, ficou marcado não só o primeiro que se tenha conhecimento neste formato, mas também a demonstração através de casos análogos do Direito da Moda, que hoje vem sendo citado por julgadores cada vez mais. Neste ano, foi quando passamos a ter o segundo homem na comissão. Uma outra contribuição que as Comissões dão de forma indireta para o setor, para o judiciário, colegas e estudiosos.

Ainda em 2023, o projeto de lei recebeu a autorização da OABDF para prosseguir, e então iniciei as reuniões com a classe.

---

37 Referência: Comissão Europeia. (2020). The economic cost of IPR infringement in the software industry. Disponível em: https://ec.europa.eu/growth/industry/strategy/intellectual-property_pt

Essas reuniões se estenderam por dois anos desde sua concepção, considerando que envolvem o interesse de dezenas de milhares de pessoas. Nas faculdades, consegui ampliar a abordagem sobre o Direito da Moda, realizando "Talks" e palestras, além de atender muitos alunos, formandos e designers. Auxiliei-os na criação de suas marcas e no registro de seus desenhos, mantendo-os informados desde cedo sobre a responsabilidade com a sustentabilidade. A sustentabilidade no direito da moda é vital para promover práticas éticas, reduzir impactos ambientais e garantir condições de trabalho justas na indústria.[38] O auxílio em contratos é regra tanto para empresas quanto para pessoas físicas.

Em 2024 passei a ser Presidente da Comissão de Direito da Moda de Brasília. Iniciamos o ano mostrando que vestir-se de si na advocacia não é algo fútil, pelo contrário, é fundamental, e auxilia na manutenção e captação de clientela. Palestra realizada em homenagem às mulheres no mês de abril na OAB/DF, tendo ganhado destaque pela auto relevância do tema para os advogados, conforme divulgado no site da instituição.

Dentro da propriedade Intelectual, de sua forma peculiar, novos projetos sempre nascem, nesse ano destaco, a patente da criação de um material que servira como uma forma de tecido, que é biodegradável, feito com lã e outros itens que por sigilo não posso mencionar. A importância de eu destacar esse projeto aqui, é olhar diferenciado que nós do direito da moda damos para questões que envolvam a área.

Pudemos nos fazer presente no V Encontro Internacional de Direito da Moda, que para nós de Brasília é muito relevante, para que quebremos paradigmas e preconceitos no Distrito Federal. Com esse olhar, e com o olhar de fazermos um grande evento tanto para quem palestra quanto para advogados, profissionais do direito em geral como para profissionais da moda em geral, a Comissão de Direito da Moda de Brasília – OABDF, em parceria com a CDMD Águas Claras, realizarmos o Congresso Brasileiro

---

38 Referência: Comissão Europeia. (2020). Counterfeit Goods and the Fashion Industry. Disponível em: https://ec.europa.eu/growth/industry/intellectual-property_pt

de Direito da Moda Com os maiores especialistas da área, juristas, todos de grande renome, e relevância.

Por fim, trabalhar com o direito da moda é extremamente gratificante. Infelizmente, não tem como, em poucas páginas, contarmos tudo que fazemos, mas, tenham certeza, minha luta continua pelo Direito da Moda, tanto no Direito, quanto na moda.

REFLEXÕES E DESAFIOS NO DIREITO DA MODA:
uma jornada pessoal

Kelen Cristina Pivotto Lengouski[39]

A trajetória no direito da moda é uma jornada que, para mim, começa com uma paixão intrínseca pela moda, que sempre fez parte da minha identidade. Desde muito jovem, sentia atraída por tecidos, texturas e tendências, e essa dedicação à estética e à expressão pessoal foi se intensificando ao longo dos anos. Contudo, minha formação em Direito, concluída em 2014, poderia parecer uma escolha antagônica a essa paixão. O universo jurídico, com suas normas rigorosas e estruturas formais, parecia distante da liberdade criativa que a moda representa.

Embora já possuísse certa familiaridade com a inter-relação entre o Direito e a Moda, foi no ano de 2021 que minha curiosidade foi substancialmente despertada. Tal despertar ocorreu por intermédio da leitura das obras "Fashion Law: A Moda nos Tribunais", de Gilberto Mariot, e "Fashion Law - Direito em Empresas de Moda", de Regina Cirino Souza. Essas apreciações literárias ampliaram minha compreensão acerca da confluência entre esses dois universos, revelando de que forma o Direito e a Moda se entrelaçam de maneira fascinante e multifacetada. Tal compreensão renovada impulsionou-me a aprofundar meus estudos e a aspirar a uma atuação efetiva nesse campo.

A adesão à Comissão de Direito da Moda da OAB/DF, ocorrida no final do ano de 2021, constituiu um marco significativo na minha trajetória profissional. Nesse contexto, tive a oportunidade

---

[39] Advogada atuante no Direito da Moda com ênfase no Direito do Trabalho, Consumidor e Contratos na Indústria da Moda. Servidora Pública do Distrito Federal (SEEDF) no cargo de Gestão em Políticas Públicas. Pós-graduada em Direito do Trabalho (Unisc), Consumidor (Unisc) e Direito da Moda (Unicesumar). Vice-Presidente da Comissão de Direito da Moda da OAB/DF - subseção de Brasília. Estudiosa em Direito da Moda.

de colaborar de maneira ativa com outros profissionais que compartilham a mesma paixão pela intersecção entre moda e direito. No ano de 2022, ao assumir o cargo de Secretária-Adjunta e, atualmente, exercer a função de Vice-Presidente dessa comissão, pude consolidar uma plataforma robusta para promover a valorização e o reconhecimento do Direito da Moda. Além disso, minha atuação incluiu a organização do I Congresso de Direito da Moda do Centro-Oeste, evento no qual tive a honra de palestrar sobre temas relevantes à disciplina.

Minha formação acadêmica inclui uma especialização em Direito do Trabalho, Direito do Consumidor e Direito da Moda, áreas nas quais desenvolvo pesquisas focadas nas intersecções e nuances que permeiam o setor da moda. Atualmente, estou elaborando um artigo para um livro de jurisprudência, cujo lançamento está previsto para outubro. Essas iniciativas não apenas favorecem meu aprendizado contínuo, mas também fortalecem meu desejo de aprofundar a compreensão sobre o direito da moda, tanto entre os profissionais do setor quanto perante o público em geral. Como pesquisadora, persigo incessantemente a ampliação desse conhecimento e busco fomentar discussões relevantes sobre o tema, promovendo assim uma maior conscientização e entendimento das questões jurídicas que envolvem a indústria da moda.

Como advogada atuo no Direito da moda com ênfase no Direito Trabalhista, Direito do Consumidor e Contratos na indústria da moda, enfrento diariamente uma série de desafios e aspectos singulares que definem esse setor dinâmico e em constante transformação. A intersecção entre a legislação e a criatividade na moda levanta questões complexas, como a proteção dos direitos dos trabalhadores, a conformidade com normas de consumo e a elaboração de contratos que atendam às especificidades da indústria.

Além disso, atuo como servidora pública no Distrito Federal, na área de políticas públicas. Embora não haja uma relação direta entre as duas funções, essa experiência me proporciona uma visão mais abrangente sobre as interações entre moda, regulamentação e cidadania. Essa vivência enriquece minha atuação profissional, permitindo-me compreender como as políticas públicas afetam o setor e, de outro modo, como a indústria da moda pode colaborar para a promoção dos direitos dos cidadãos.

Entre os principais desafios que enfrento em minha recente trajetória no direito da moda, destaco a diversidade de regulamentações e as transformações aceleradas que caracterizam o setor. A indústria da moda está sujeita a um vasto arcabouço normativo, cujas disposições variam significativamente entre países, unidades da federação e jurisdições municipais, o que torna a atuação jurídica ainda mais complexa. Ademais, a dinâmica deste segmento exige que me mantenha constantemente atualizada quanto às novas diretrizes legais e às alterações regulatórias, dado que o universo da moda se altera de forma rápida e contínua. Cada situação apresenta suas especificidades, exigindo uma análise minuciosa e estratégica com o intuito de garantir que os direitos de todas as partes envolvidas sejam respeitados e que as melhores práticas sejam adotadas.

Minha principal batalha como profissional atuante no campo do Direito da Moda consiste na promoção e no reconhecimento dessa atividade, frequentemente subestimada e alvo de críticas, inclusive por parte de colegas da mesma área, que a percebem como fútil ou irrelevante. É imperativo enfatizar a relevância e a magnitude da indústria da moda, a qual movimenta trilhões de dólares anualmente e desempenha um papel preponderante na economia global. A moda transcende meras questões estéticas; sua complexidade envolve considerações jurídicas que merecem um olhar atento e aprofundado.

A moda transcende meras questões estéticas, envolvendo considerações jurídicas complexas e pertinentes. O Direito da Moda abrange diversas disciplinas, desde a proteção da propriedade intelectual, que resguarda os direitos dos criadores, até a observância das normas trabalhistas, assegurando condições dignas para todos os trabalhadores do setor. Adicionalmente, contempla aspectos do direito do consumidor, que garantem a comercialização de produtos de forma justa e ética.

O Direito da Moda, por sua vez, abrange diversas disciplinas, desde a proteção da propriedade intelectual, que resguarda os direitos dos criadores e designers, até a observância das normas trabalhistas, assegurando condições dignas para todos os trabalhadores do setor. Adicionalmente, contempla aspectos do direito do consumidor, que garantem a comercialização de produtos de forma justa e ética. Essa abordagem integral é essencial para que a indústria da moda possa se desenvolver de maneira sustentável e responsável.

Assim, é imprescindível a presença de especialistas qualificados e comprometidos com os desafios jurídicos que permeiam essa indústria. O reconhecimento do Direito da Moda como uma área legítima e necessária é crucial para sua evolução e para a salvaguarda dos direitos de todos os envolvidos. Advogo pela importância de uma atuação robusta e consciente, que promova tanto a criatividade quanto a justiça social neste fascinante e intrincado domínio.

Em suma, minha trajetória no Direito da Moda é guiada por um profundo comprometimento com a valorização dessa área essencial. A intersecção entre moda e direito não apenas reflete minha paixão, mas também evidencia sua relevância na proteção de direitos fundamentais e na promoção da justiça social. Acredito que, ao reconhecer e desenvolver o direito da moda, podemos impactar positivamente na proteção jurídica da indústria da moda.

UMA VISÃO HUMANÍSTICA DO DIREITO DA MODA

Kelly Alessandra da Costa Machado[40]

O mercado da moda como uma indústria global que influencia culturas, economias e estilos de vida, transcende fronteiras. No entanto, este setor também se faz repleto de significativos desafios éticos e sociais enfrentados em relação aos princípios fundamentais dos direitos humanos e às condições de trabalho. A análise dessas relações é crucial na promoção de um ambiente justo e sustentável, sem que haja comprometimento a dignidade e bem-estar das pessoas envolvidas pela produção de moda.

Adotar uma visão humanística do direito da moda é essencial para criar uma indústria que não apenas celebre a criatividade e a inovação, mas que também respeite e promova a dignidade humana e a justiça social. Integrar esses princípios no direito da moda contribui para uma indústria mais ética, responsável e inclusiva, esplandecendo valores e aspirações de uma sociedade global mais consciente e equitativa.

Nesse contexto, as atuações das Comissões de Direito da Moda instituídas pelo Brasil visam fomentar as garantias da

---

40 Especialista em Direito da Moda (FASM). Especialista em Gestão Internacional e Negócios da Moda (*Institut Français De La Mode* - Paris/França). Especialista em Processo Civil e Direito de Família e Sucessões (EPD). Certificada em Propriedade Intelectual (WIPO). Advogada, palestrante, *co-founder* e idealizadora do projeto e plataforma Elas pelo Direito, idealizadora e gestora do Projeto Moda Mais Humana, gestora da Pasta de Relações do Trabalho e Direitos Humanos no Mercado da Moda do Comitê de Gestão da Comissão Especial de Direito da Moda da OAB/SP, membro da Comissão de Direito Empresarial da OAB/Guarulhos-SP, professora da pós-graduação em Direito e Negócios da Moda da UNIFEBE e do Programa de Aceleração de Carreira em *Fashion Law* do *Fashion Law & Business School*, membro da Comissão de Direito da Moda do Instituto dos Advogados de São Paulo – IASP, colunista do jornal Guarulhos.com, *head* do projeto *Fashion Law & Business* TV, embaixadora do Movimento Cultural e Literário Mulheres Escritoras de Guarulhos, articulista no jornal Guarulhos.com, coautora de obras jurídicas e *best-seller*.

dignidade e os direitos fundamentais da pessoa humana no mercado da moda, emergindo abordagem às complexas intersecções entre a indústria e o direito.

Em São Paulo, a implementação do projeto Moda Mais Humana, idealizado pela autora e, implementado na Pasta de Relações do Trabalho no Mercado da Moda e Direitos Humanos da Comissão Especial de Direito da Moda da Ordem dos Advogados do Brasil - Seccional, tem se destacado como uma iniciativa crucial para fomentar os direitos e garantias da dignidade humana, promovendo práticas éticas e responsáveis.

O projeto Moda Mais Humana tem desempenhado um papel essencial na promoção destes direitos mediante a implementação de ações com abordagem em questões críticas, tais como; condições de trabalho digna, combate à exploração laboral, cumprimento de normas trabalhistas, garantia de salários justos, igualdade de gênero e inclusão, promoção a igualdade salarial, combate ao assédio e discriminação, combate ao tráfico de pessoas, incentivo a liderança feminina, reconhecimento e valorização, bem como transparência corporativa.

Na pasta de Relações do Trabalho no Mercado da Moda e Direitos Humanos da Comissão Especial de Direito da Moda da OAB/SP, diversas temáticas são estudadas, debatidas e promovidas com a realização de palestras e fomentos, bem como na participação de movimentos, como o *Fashion Revolution*, com a temática de Combate ao Tráfico Internacional de Pessoas na Indústria da Moda, com destaque ainda especial, na participação do Congresso de Direito da Moda da OAB/SP, realizado em junho/2023, com o objetivo de fomentar o estudo das questões que orbitam o Direito da Moda no território nacional, onde, fora apresentado pela pasta, especialistas tratando sobre múltiplos temas afetos as garantias da dignidade e os direitos humanos.

Recentemente, fora lançado cartilha institucional visando educar e sensibilizar, mediante divulgação de informações, os profissionais do setor e público em geral sobre direitos e deveres legais no mercado da moda.

Concomitantemente, diversos artigos com discussões atuais envolvendo o direito da moda tem sido publicado, pela autora e demais especialistas na área, em obras de renomadas e tradicionais publicações, contribuindo para um promissor legado.

Outro substancial ponto de destaque, se faz com a publicação internacional e a participação representando o projeto em ação afirmativa de disseminação, mediante a apresentação de conteúdo e escopo no Congresso Internacional de Direitos Humanos da Universidade de Coimbra/Portugal, tratando-se de um evento prestigiado que reúne acadêmicos, profissionais do direito e ativistas para discutir e promover os direitos humanos em diversas esferas da sociedade. A inclusão de temas relacionados ao Direito da Moda neste congresso, reflete a crescente conscientização sobre a necessidade de regulamentar e promover a ética dentro da indústria da moda no mundo.

O projeto apresentado no congresso utilizou uma abordagem multidisciplinar, onde fora desenvolvido e combinado pesquisa jurídica, estudos de caso e entrevistas com profissionais da indústria da moda, envolvendo também, a análise de políticas e regulamentos existentes, propondo melhorias e novas diretrizes para promover os direitos humanos no setor.

A apresentação gerou um debate significativo entre os participantes do congresso, que reconheceram a importância do tema e a necessidade de ações concretas, havendo interesse em fomentar como as diretrizes propostas poderiam ser implementadas em diferentes contextos nacionais e internacionais.

O evento facilitou a formação de parcerias entre acadêmicos, profissionais do direito e representantes da indústria da moda, promovendo uma colaboração mais estreita para enfrentar os desafios éticos do setor, eis que a troca de ideias e experiências fora fundamental para fortalecer o movimento global em direção a uma moda mais justa e responsável.

Conforme visto, o Direito da Moda tem alcançado êxitos notáveis na promoção da garantia da dignidade e dos direitos fundamentais da pessoa humana, com iniciativas para a certificação de condições decente de trabalho nas cadeias de produção, reafirmando e promovendo reforços a necessidade de ações colaborativas para transformar a indústria da moda em um setor mais justo e sustentável.

A INFLUÊNCIA DA ORDEM DOS ADVOGADOS DO BRASIL (OAB) NA CONSOLIDAÇÃO E DESENVOLVIMENTO DO DIREITO DA MODA: proteção intelectual, sustentabilidade e condições trabalhistas

Kelly Aparecida Oliveira Gonçalves[41]

A Ordem dos Advogados do Brasil (OAB) tem desempenhado um papel fundamental na promoção e conscientização sobre a importância do Direito da Moda para o sistema jurídico e para a indústria da moda. Através de seminários, cursos e publicações, a OAB educa os profissionais do setor sobre as melhores práticas para proteger suas criações, além de destacar os benefícios econômicos e legais dessa proteção. Essa interação entre advogados e a sociedade ocorre principalmente por meio das Comissões.

Por meio das comissões, o direito é difundido entre os colegas e a sociedade, sendo abordado por profissionais altamente qualificados. Esses especialistas demonstram a teoria e a prática da temática por meio de reuniões, palestras, workshops e cursos.

Como exemplo, menciono com muito orgulho a Comissão Especial de Direito da Moda da 242ª Subsecção do Butantã, criada pela primeira vez na gestão de 2022/2024, dentre tantas outras que existem hoje.

---

41   Advogada e sócia fundadora do escritório Terras Gonçalves Advogados; presidente da Comissão de Direito da Moda da Subseção Butantã/SP; membro da Comissão de Direito da Moda da OAB/SP; membro da Comissão Especial de Propriedade Industrial da Subseção Butantã; membro da Comissão de Fashion Law do IASP/SP; pós-graduanda em Direito da Moda pela FASM.

Durante esse período de um ano e meio, foram realizadas palestras sobre diversos temas relacionados ao direito e a indústria da moda como por exemplo: palestra sobre o Combate à Pirataria, palestra sobre Criminal Fashion Law e o combate a escravidão, palestras sobre a importância do Direito Ambiental e a moda, palestras sobre Direito do Trabalho na Indústria da Moda, Assessoria Jurídica para Marcas e Influencers, Moda e Mediação, Direito de Imagem, Workshop sobre Direito do Consumidor no Universo da Moda, Workshop sobre a Responsabilidade Civil dos Influenciadores Digitais. Esses eventos e os diversos temas abordados frequentemente envolveram outras comissões, demonstrando a natureza multidisciplinar do Direito da Moda.

Como uma área multidisciplinar, um dos principais focos do Direito da Moda é a proteção da propriedade intelectual, que desempenha um papel crucial na segurança jurídica e no incentivo à inovação dentro da indústria da moda. Esta área abrange diversas modalidades de proteção, incluindo marcas, patentes, direitos autorais e desenhos industriais, cada uma desempenhando um papel fundamental na proteção das criações e dos investimentos realizados pelos profissionais e empresas do setor.

As marcas são essenciais para a identidade e o reconhecimento das empresas de moda. Elas não apenas identificam a origem dos produtos, mas também representam a qualidade e a reputação da marca perante os consumidores. A proteção das marcas impede que terceiros utilizem sinais distintivos semelhantes que possam causar confusão no mercado, protegendo assim a integridade e o valor da marca. No Brasil, a Lei da Propriedade Industrial (LPI) regulamenta o registro de marcas, que é feito junto ao Instituto Nacional da Propriedade Industrial (INPI), assim como as patentes que embora menos comuns no setor da moda do que em outras indústrias, ainda são relevantes para proteger inovações tecnológicas relacionadas a tecidos, métodos de produção e novos materiais.

Os direitos autorais protegem criações artísticas e literárias, incluindo desenhos, estampas e outros elementos visuais que são fundamentais na moda. A Lei de Direitos Autorais no Brasil garante aos criadores o direito exclusivo de usar, reproduzir e distribuir suas obras, evitando a cópia não autorizada.

Os desenhos industriais protegem a forma ornamental de um objeto, incluindo o design de roupas, calçados, acessórios e outros produtos de moda. A proteção de desenhos industriais impede que outros copiem ou imitem o design registrado, garantindo que os designers possam se beneficiar economicamente de suas criações. No Brasil, os desenhos industriais são regulamentados pela LPI e também registrados no INPI.

A proteção da propriedade intelectual é vital para a sustentabilidade e o crescimento da indústria da moda. Além disso, a proteção eficaz da propriedade intelectual ajuda a combater a pirataria e a falsificação, que são problemas endêmicos no setor da moda. Produtos falsificados não apenas prejudicam as vendas das empresas legítimas, mas também podem comprometer a segurança e a saúde dos consumidores.

No que diz respeito às relações trabalhistas, a indústria da moda emprega milhões de pessoas, muitas vezes em condições precárias. A OAB tem se envolvido em discussões sobre a regulação das relações trabalhistas na moda, defendendo condições de trabalho justas e dignas. Estudos promovidos pela OAB ajudam a identificar e combater práticas trabalhistas abusivas, como o trabalho escravo e infantil.

A sustentabilidade é outro tema cada vez mais relevante no setor da moda. A OAB tem incentivado a discussão sobre práticas sustentáveis e a responsabilidade social das empresas de moda. Isso inclui o impacto ambiental da produção têxtil, o consumo consciente e a transparência nas cadeias de suprimentos. Através de seminários e publicações, a OAB promove a adoção de práticas mais sustentáveis na indústria da moda.

A educação e a formação profissional são aspectos vitais no Direito da Moda. A OAB oferece cursos, seminários e workshops voltados para a formação de advogados especializados nesta área. Esses programas educacionais são essenciais para preparar os profissionais do direito para lidar com as especificidades do setor da moda. Além disso, a OAB promove a integração entre o direito e a moda, criando um ambiente propício para o desenvolvimento de soluções jurídicas inovadoras.

Por fim, a OAB atua na elaboração de propostas legislativas e na advocacia junto a órgãos governamentais para a criação de políticas públicas que favoreçam o setor da moda. Isso inclui a modernização das leis de propriedade intelectual, a criação de incentivos para a inovação e a implementação de políticas de combate ao trabalho escravo e infantil.

Em resumo, os estudos e trabalhos desenvolvidos pela OAB no Direito da Moda são de extrema importância para a consolidação desta área jurídica no Brasil. Ao abordar questões cruciais como a proteção da propriedade intelectual, a regulação das relações trabalhistas, a sustentabilidade e a educação, a OAB contribui significativamente para o fortalecimento do setor da moda, promovendo um ambiente mais justo, ético e inovador.

O DIÁLOGO ENTRE MODA E DIREITO CONCORRENCIAL

Luisa Ferreira Duarte[42]

O estudo do Direito da Moda tem ganhado crescente relevância no Brasil nos últimos anos, refletindo a importância econômica e cultural do setor da moda no país. A Ordem dos Advogados do Brasil (OAB) tem desempenhado um papel fundamental na disseminação e desenvolvimento desse tema, especialmente através das comissões de Direito da Moda presentes em diversas seccionais e subseções do país.

Como Presidente da Comissão de Direito da Moda da OAB Sorocaba testemunho a importância dessas comissões, que atuam como centros de estudo e debate, na promoção de eventos, publicações e a troca de conhecimentos entre profissionais do direito e do setor da moda, alcançando além dos grandes centros e capitais de estados, também o interior, como no caso de Sorocaba. A iniciativa da Comissão de Direito da Moda da OAB/DF em organizar uma obra coletiva sobre Direito da Moda é um exemplo claro desse esforço contínuo para fortalecer a compreensão e a aplicação das normas jurídicas nesse mercado.

Além de sua crescente relevância, o Direito da Moda destaca-se por sua natureza multidisciplinar, abrangendo uma ampla gama de áreas jurídicas. A complexidade do setor da moda exige uma abordagem integrada, onde advogados e profissionais do direito devem estar preparados para lidar com diversas questões interligadas. A compreensão do mercado e das intersecções entre diferentes áreas do direito é fundamental para a formação de um conhecimento sólido e abrangente em *Fashion Law*.

---

42   Presidente da Comissão de Direito da Moda da OAB/Sorocaba. Integrante da Comissão de Direito da Moda da OAB/SP. Mestranda em Direito Político e Econômico pela Universidade Presbiteriana Mackenzie. Especialista em *Fashion Law* pela Faculdade Santa Marcelina. Advogada graduada em Direito pela Fundação Armando Álvares Penteado. Graduada em Moda pela Fundação Armando Álvares Penteado, com curso de *Stylisme* pela

Caracterizado por sua competitividade e dinamismo, empresas do setor frequentemente recorrem a fusões e aquisições para expandir operações e consolidar presença no mercado. Essas estratégias visam economias de escala, sinergias operacionais, novos mercados, fortalecimento competitivo, diversificação de produtos, otimização de recursos e fortalecimento financeiro, proporcionando vantagens competitivas significativas. Conhecidos como "atos de concentração", esses movimentos podem modificar a estrutura do mercado, impactando a concorrência, a inovação e o comportamento dos consumidores, tornando essenciais mecanismos regulatórios eficazes.

O Direito Concorrencial, portanto, desempenha um papel crucial ao assegurar a livre concorrência e prevenir práticas anticompetitivas, garantindo um mercado justo e equilibrado para todas as empresas do setor. Com o crescimento das fusões e aquisições entre grandes empresas de moda, entender como o direito concorrencial regula essas operações é essencial para assegurar que elas não prejudiquem os consumidores nem inibam a inovação e para garantir um ambiente de negócios saudável e competitivo.

No Brasil, o CADE (Conselho Administrativo de Defesa Econômica) desempenha um papel central ao regular as condutas empresariais e garantir oportunidades equitativas no mercado. Compreender profundamente as normas concorrenciais e suas implicações é vital para advogados e empresários do setor, permitindo-lhes agir eticamente, em conformidade com a legislação, e promover um mercado dinâmico e competitivo.

Grandes marcas de moda buscam unir forças para fortalecer suas posições competitivas, explorar sinergias operacionais e expandir suas presenças em novos mercados. Essas operações têm ganhado destaque não apenas no setor, mas também na mídia, ressaltando a importância econômica dessas transações e suas implicações para o mercado da moda, incluindo o impacto na concorrência, na inovação e nos consumidores.

Entretanto, tais concentrações suscitam várias preocupações. A potencial redução da competitividade devido à concentração excessiva exige uma avaliação do *market share* das empresas envolvidas. Nos casos do Grupo Soma com a Cia. Hering e da fusão entre

Arezzo&Co. e Grupo Soma, ambas foram aprovadas sem restrições, após o CADE constatar que, individualmente ou em conjunto, suas participações no mercado não configuram posição dominante, demonstrando que essas uniões não prejudicam a concorrência. Além disso, o poder de portfólio, ou seja, a capacidade de influenciar o mercado com uma vasta gama de produtos, é cuidadosamente analisado para evitar posições excessivamente dominantes. A fusão entre a Essilor, líder em lentes, com a Luxottica, fornecedora de armações, exemplifica essas preocupações. O CADE avaliou que a fusão poderia resultar em controle significativo sobre toda a cadeia de produção e distribuição de óculos, potencialmente levando a práticas anticompetitivas e dificultando a entrada de novos concorrentes. Essas preocupações foram centrais na análise do CADE para garantir que a fusão não prejudicasse a concorrência e os consumidores, e a operação foi aprovada.

Outro ponto é a prevenção do abuso de poder dominante, onde a empresa resultante de uma fusão ou aquisição poderia impor condições desfavoráveis ao mercado, limitando a concorrência. Avaliações são essenciais para garantir que tais operações não prejudiquem o mercado e os consumidores, mantendo a diversidade e a inovação no setor da moda. Na aquisição da Nike do Brasil pela SBF S.A., proprietária da Centauro, houve preocupações sobre a distribuição exclusiva dos produtos Nike. O CADE concluiu pela improbabilidade devido à alta rivalidade existente nesse mercado, mas medidas foram adotadas para garantir tratamento isonômico na distribuição dos produtos da Nike, evitando condutas anticompetitivas.

Em conclusão, a avaliação cuidadosa dos atos de concentração é essencial para garantir a competitividade dos mercados, nesse caso em especial, o de moda. O CADE desempenha um papel crucial, assegurando que fusões e aquisições beneficiem empresas e consumidores sem comprometer o mercado. Vigilância contínua e regulamentação eficiente são indispensáveis para manter a competitividade e incentivar um ambiente econômico robusto e inovador. Essas medidas promovem a diversidade de produtos e a inovação, essenciais para o desenvolvimento sustentável da indústria da moda.

EXPLORANDO O DIREITO DA MODA: importância da divulgação do conhecimento específico junto às comunidades jurídicas

Paula Toledo Corrêa Negrão Nogueira Lucke[43]

O direito da Moda ganhou grande destaque no cenário brasileiro nos últimos anos, notadamente em razão da necessidade da formação de advogados especializados na área, no País considerado a maior cadeia têxtil completa do Ocidente.

Os números desta esfera da economia são impressionantes e bastante divulgados. Segundo o último relatório da Associação Brasileira da Indústria Têxtil e Confecção – ABIT, atualizado até fevereiro de 2024, a indústria da moda possui 1,33 milhão de empregados diretos e 8 milhões de empregados indiretos, sendo considerada a segunda maior empregadora do setor de transformação no Brasil, ficando atrás apenas da indústria de alimentos.[44]

No panorama em comento surge a necessidade cada vez maior de profissionais que tenham conhecimento tanto da legislação aplicável às principais demandas judiciais envolvendo a matéria, quanto em relação a detalhes técnicos da indústria em comento, sendo, portanto, importante que cada vez mais ocorra a divulgação deste ramo do direito, a fim de que este se torne mais

---

43 Advogada atuante nas áreas de Propriedade Intelectual, Direito Societário, LGPD e Direito da Moda. Graduada pela Universidade Paulista em Campinas (2001), especialista em Direito Público pela Escola Paulista do Ministério Público, pós-graduada em Direito Processual Civil pela Escola Paulista da Magistratura, especialista em Fashion Law pela Faculdade Santa Marcelina, mestranda em direito Empresarial pela Facamp. Presidente da Comissão de Direito da Moda de Campinas, gestora da pasta de relações institucionais da Comissão Especial do Direito da Moda da OAB/SP, membro da Comissão de Direito da Moda do IASP. Professora em cursos de extensão e pós-graduação, palestrante e coautora de livros.

44 ABIT. **Associação Brasileira da Indústria Têxtil**. São Paulo: [s.d.]. Disponível em: https://www.abit.org.br/cont/perfil-do-setor. Acesso em: 30 jul. 2024.

sedimentado e conhecido junto à sociedade e às instituições de ensino de todo País.

Nesta esteira, as Comissões de Direito da Moda espalhadas pelo Brasil têm desempenhado importante papel.

Na cidade de Campinas, localizada no interior do estado de São Paulo, o trabalho desenvolvido pela Comissão aberta em 2022 vem gerando importantes frutos. O evento inaugural que marcou a abertura campineira contou com a presença de mais de cem pessoas interessadas em conhecer mais sobre essa área jurídica em franco crescimento, incluindo alunos das universidades locais, advogados da urbe, além de significativo número de membros da magistratura e Ministério Público da região.

Na sequência foram realizados seminários e palestras com temas que despertassem curiosidade na comunidade advocatícia local sobre a atuação na área, citando-se como exemplo uma simulação de sustentação oral sobre uma ação judicial já transitada em julgado envolvendo o direito da moda e um encontro específico para discussão sobre as inovações tecnológicas que têm sido de extrema importância para o desenvolvimento deste ramo mercadológico.

Além disso, com a divulgação dos trabalhos a Comissão começou a crescer contando com mais de cinquenta membros inscritos, gerando conexão com outras importantes comissões temáticas da OAB local.

No primeiro trimestre do ano de 2024 o grandioso congresso de Direito Empresarial, Recuperacional e Falimentar da comarca foi encerrado com uma mesa especial de Direito Empresarial da Moda, demonstrando a parceria e união entre os membros e gestores das comissões envolvidas.

Por conta da ampla acolhida da advocacia local, reuniões virtuais mensais estão sendo agendadas, sempre com convidados atuantes em direito da Moda de diversas partes do País que apresentam estudos com ênfases diferenciadas do assunto.

Outrossim, visitas às instituições de ensino e trabalho com Moda têm sido realizadas, juntamente com intensa divulgação dos trabalhos e da doutrina especializada junto aos magistrados da região e desembargadores do Tribunal de Justiça de São Paulo.

Importante ainda ressaltar que a divulgação do Fashion Law tão logo se inicia, gera de forma quase instantânea uma conexão com as faculdades da região, tanto com as de Direito, quanto com as de Moda, e consequentemente convites aos gestores da Comissão para que participem das aberturas de semanas jurídicas, dado o interesse dos alunos na temática.

Da mesma forma, cursos de especialização e extensão voltados à matéria começaram a ser solicitados às Escolas Superiores da Advocacia, voltados sempre a um maior aprimoramento dos causídicos.

Assim, diante da narrativa aqui exposta, forçoso verificar que o Direito da Moda tem se expandido de forma significativa pelo território brasileiro e permitido que cada vez mais advogados que anseiam em trabalhar na área se especializem no assunto de maneira extremamente satisfatória, visto que não faltam oportunidades para participação em grupos de estudo eventos com enfoque no tema.

Em suma, a divulgação do Fashion Law nos últimos tempos deixou de ser apenas desejável e passou a ser extremamente necessária para conscientização e crescimento deste importante ramo do Direito, ficando este artigo como um convite para mais debates e trocas de experiências que solidifiquem essa área tão promissora.

TRAÇANDO A LINHA DA MODA: a história e atuação da comissão de direito da moda da OAB de Ribeirão Preto-SP

Rafaela Aparecida Parizi Leoni[45]

1. Introdução

A indústria da moda desempenha um papel crucial na sociedade contemporânea, não apenas como um setor econômico de grande relevância, mas também como um fenômeno cultural que reflete e influencia as dinâmicas sociais e individuais.

Nesse contexto, o direito assume um papel fundamental na regulação e proteção dos interesses dos agentes envolvidos, desde os criadores e profissionais da moda até as empresas e consumidores.

No cenário jurídico brasileiro, a atuação da Comissão de Direito da Moda da OAB de Ribeirão Preto destaca-se como um importante ponto de conexão entre o universo jurídico e a indústria *fashion* local.

Este artigo propõe-se a explorar a história e o papel desempenhado por essa comissão, analisando suas atividades, iniciativas e contribuições para o desenvolvimento sustentável e ético do setor.

---

45   Advogada; mestranda na Faculdade de Filosofia, Ciências e Letras – Departamento de Psicologia – da Universidade de São Paulo - *Campus* USP de Ribeirão Preto; pós-graduada em Direito Civil e Processo Civil pela Universidade de Ribeirão Preto (Unaerp); pós-graduanda em *fashion law* pela Faculdade Santa Marcelina (FASM); pós-graduanda em *fashion business* pela FAAP; pós-graduanda em Moda: Cultura, Comportamento e Tendências (PUC -RS); extensão em *fashion law* pela PUC- Rio; Presidente da Comissão de Direito da Moda da OAB de Ribeirão Preto; Colunista de Direito da Moda e Propriedade Intelectual no Portal Jurídico AdvJus; Representante do Movimento *Fashion Revolution* na cidade de Ribeirão Preto; Palestrante; Coautora de Livros.

Ao traçar a linha que une o direito e a moda, busca-se não apenas compreender a interseção entre esses domínios aparentemente distintos, mas também evidenciar a importância do apoio jurídico especializado para a promoção da legalidade, da inovação e da proteção dos direitos no universo da moda.

A investigação detalhada da atuação da Comissão de Direito da Moda da OAB de Ribeirão Preto revelará como essa entidade se tornou um agente-chave na construção de um ambiente jurídico mais favorável e adequado aos profissionais e empresas do setor, contribuindo assim para o fortalecimento e a evolução da indústria da moda local.

2. Moda

A indústria da moda é um aspecto cultural e social que engloba não só o modo de se vestir, adornos, maquiagem, penteados, mas também a maneira como as pessoas se comportam em relação às roupas. A moda é um reflexo dos princípios, valores e gostos de uma comunidade específica em um determinado período.

Além disso, a indústria da moda se destaca por apresentar constantemente novas tendências que vão e vem ao longo do tempo. Essas tendências são moldadas por estilistas, personalidades famosas, mídias, cultura e diversos outros elementos.

Igualmente, a indústria da moda é um setor global que movimenta bilhões e inclui o *design* de roupas, produção, propaganda, comércio varejista e outros aspectos. Marcas renomadas, estilistas e grifes têm grande influência na formação e divulgação de estilos.

A par disso, a palavra "moda" vem do latim "modus" e significa "modo" e "maneira". Segundo o Dicionário Português Brasileiro, o significado desta palavra é o seguinte:

> 1 Maneira ou estilo de agir ou de se vestir; 2 Sistema de usos ou hábitos coletivos que caracterizam o vestuário, os calçados, os acessórios etc., num determinado momento;3 Conjunto de tendências ditadas pelos profissionais do mundo da

> moda; 4 Arte e técnica da indústria ou do comércio do vestuário; 5 Estilo próprio ou maneira típica de agir; maneira, modo; 6 Interesse excessivo ou fixação em algo, mania; 7 ESTAT Valor que surge mais de uma vez numa distribuição de frequência; 8 MÚS V modinha.[46]

Ainda, conforme o pensamento do pesquisador Lars Svendsen:

> A moda afeta a atitude da maioria das pessoas em relação a si mesmas e aos outros. Muitas delas negariam isso, mas essa negativa é normalmente desmentida por seus próprios hábitos de consumo. Como tal, a moda é um fenômeno que deveria ser central em nossas tentativas de compreender a nós mesmos em nossa situação histórica. Sua emergência como um fenômeno histórico tem uma característica essencial em comum com o modernismo: o rompimento com a tradição e um incessante esforço para alcançar "o novo".[47]

Para a Autora Maria Rubia Sant'anna:

> Portanto, mais do que uma nuança da sociedade global, a moda é entendida como a própria dinâmica de construção da sociabilidade moderna e, como tal, a aparência pode ser entendida como a própria essência desse universo. Na dinâmica da moda, o sujeito moderno adquiriu a legitimidade de viver na aparência, de abandonar a religião, os ideais revolucionários e políticos, de buscar mais o prazer de viver do que sua compreensão. É na aparência que o sujeito moderno encontra o porquê de viver.[48]

Logo a moda não se trata apenas de usar a combinação certa, é também uma expressão de quem você é, do que você veste/vive, levando a uma ampla gama de possíveis personalidades e

---

46 MODA. *In*: MICHAELIS. **Dicionário Brasileiro da Língua Portuguesa**. Acessado em: 28 jul. 2024. (Online). Disponível em: https://michaelis.uol.com.br/moderno-portugues/busca/portugues-brasileiro/moda/.
47 SVENDSEN, Lars. **Moda**: uma filosofia. Rio de Janeiro: Zahar, 2010. p. 10.
48 SANT'ANNA, Maria Rúbia. **Teoria de Moda**: sociedade, imagem e consumo. Florianópolis: Estação das Letras, 2007. p. 88.

identidades. Expressa-se a familiaridade com o sentimento de pertencimento a determinado grupo social, expressando as mesmas expressões, mensagens e desejos por meio de suas características pessoais.

3. A Indústria da Moda e o Direito da Moda no Brasil

A indústria da moda no Brasil é uma das mais proeminentes do mundo, conhecida por sua diversidade, criatividade e influência global.

O Brasil é um país culturalmente diverso e essa diversidade se reflete na moda brasileira. Influências culturais indígenas, africanas, europeias e outras combinam-se para criar um estilo único e eclético.

Dessa forma, o Brasil abriga uma série de estilistas mundialmente famosos, como Alexandre Herchcovitch, Oskar Metsavaht, entre outros, que contribuíram para elevar a reputação do país no cenário da moda mundial.

Em igual, o Brasil também é conhecido por sediar eventos de moda mundialmente famosos, como o *São Paulo Fashion Week* (SPFW) e o *Fashion Rio*, atraindo páginas de *designers*, compradores e amantes da moda de todo o mundo.

Como resultado, o Brasil possui uma indústria têxtil próspera, com produção de tecidos de alta qualidade e tecnologia avançada. O país é famoso pela produção de *jeans*, moda praia, calçados e outros itens.

Nesse contexto, o Direito da Moda é uma área interdisciplinar que inclui áreas do direito relacionadas à indústria da moda. Combina aspectos do direito comercial, propriedade intelectual, direito do trabalho, direito do consumidor, direito internacional e outras áreas para resolver problemas jurídicos específicos de empresas, *designers*, fabricantes, varejistas e outros profissionais que trabalham na indústria da moda.

O termo *Fashion Law* surgiu durante o desenvolvimento de diretrizes legais em 2006 na *Fordham University*, em Nova York, EUA, pela professora Susan Scafidi, que também fundou o "Fashion Law Institute", que desempenha importante papel na divulgação deste tema em todo o mundo. Esta organização sem fins lucrativos é a primeira instituição educacional do mundo dedicada a abordar questões jurídicas e comerciais na indústria da moda, bem como a treinar profissionais da indústria da moda.

O *Fashion Law Institute* cresceu e passou a oferecer sete cursos relacionados ao direito da moda, abrindo sua área e ministrados por especialistas. O *Fashion Law Institute* tornou-se pioneiro em diversas áreas e é ministrado por especialistas (Fashion Law Institute, 2020).[49]

Segundo a ABIT, Deborah Portilho afirma que:

> Com o passar dos anos, além dos problemas relativos à proteção das criações propriamente ditas (pela Propriedade Intelectual), o Fashion Law passou a discutir outros problemas da Indústria da Moda, tais como o trabalho infantil e análogo à escravidão, questões tributárias, societárias, ambientais, dentre várias outras [...].[50]

Em sintonia com Portilho, Valéria Cristina afirma sobre o Direito de Moda:

> Há muito a moda deixou de tratar apenas sobre roupas. É preciso ter em mente que ao adquirir um produto de moda, o consumidor não está comprando só uma roupa, mas comprando toda a história que existe por trás de como essa peça de roupa foi confeccionada. Aí reside a importância do Fashion Law.[51]

No Brasil, o *Fashion Law* também está emergindo como um campo jurídico especializado que aborda questões jurídicas

---

49 FASHION Law Institute. **About**. New York, 2020. Acesso em: 29 jul. 2024. (Online). Disponível em: https://www.fashionlawinstitute.com/about.
50 ABIT. Associação Brasileira da Indústria Têxtil e de Confecção. **Fashion Law**: Entenda como funciona o direito da moda. 5 ago. 2019. Acesso em: 29 jul. 2024. (Online). Disponível em: https://www.abit.org.br/noticias/fashion-law-entenda-como-funciona-o-direito-da-moda.
51 CRISTINA, Valéria. **Precisamos falar sobre Fashion Law?** 2020. Acesso em: 29 jul. 2024. (Online). Disponível em: https://vals.jusbrasil.com.br/artigos/1110487708/precisamos-falar-sobre-o-fashion-law.

específicas relacionadas à indústria da moda. Embora ainda seja um setor em crescimento no país, está se tornando cada vez mais eficiente graças ao crescimento e à complexidade do mercado de moda brasileiro.

Proteger direitos autorais, marcas registradas e outras propriedades intelectuais é importante para *designers*, marcas e empresas de moda no Brasil. O *Fashion Law* ajuda a proteger esses ativos e a resolver disputas relacionadas à propriedade intelectual.

Nesse contexto, o Direito da Moda no Brasil está evoluindo para atender às necessidades específicas da indústria da moda nacional, proporcionando suporte jurídico excepcional a empresas, *designers* e especialistas nesta área. À medida que a indústria da moda brasileira continua a crescer, espera-se que o *Fashion Law* desempenhe um papel mais importante na regulação e proteção dos interesses dos participantes deste mercado.

Portanto, o Direito da Moda é um campo muito importante, tanto no Brasil quanto no mundo. Com o crescimento da indústria da Moda e a crescente procura associada a esta área, a contratação de profissionais especializados é essencial.

4. As Comissões de Direito da Moda no Brasil

O Brasil é um dos países líderes na aplicação deste termo e conceito através da criação do *Fashion Law & Business Institute Brazil (FBLI)* – uma organização sem fins lucrativos e voltada para o apoio aos profissionais da moda – em 2012 e posteriormente, em 2016, foi criada a Comissão de Direito da Moda (CDMD) dentro da Ordem dos Advogados do Brasil, inicialmente no Rio de Janeiro, pela advogada Deborah Portilho.

O objetivo dessas comissões é entender os desafios relacionados a esse setor, aproximar o direito e a indústria desse mercado e encontrar soluções para o problema (ABIT; Portilho, 2019).[52]

---

52   ABIT. Associação Brasileira da Indústria Têxtil e de Confecção. **Fashion Law**: Entenda como funciona o direito da moda. 5 ago. 2019. Acesso em: 30 jul. 2024. (Online). Disponível em: https://www.abit.org.br/noticias/fashion-law-entenda-como-funciona-o-direito-da-moda.

Nesse sentido, a Comissão de Direito da Moda no Brasil surgiu como uma iniciativa da Ordem dos Advogados do Brasil (OAB) nos diferentes Estados do país. A criação dessas comissões foi motivada pela crescente importância e complexidade das questões jurídicas relacionadas à indústria da moda no Brasil. Ademais, as Comissões de Direito da Moda no Brasil buscam fortalecer o relacionamento entre a comunidade jurídica e a indústria da moda, contribuindo para o desenvolvimento sustentável e ético da indústria no país. Promovem eventos, seminários, *workshops* e publicações relacionadas ao Direito da Moda, além de apoiar a formação de profissionais especializados nesta área.

Atualmente, as regiões da OAB dos Estados de São Paulo, Rio de Janeiro, Minas Gerais, Santa Catarina, Pará, Bahia, Espírito Santo, Paraíba, Pernambuco, Rio Grande do Norte, Ceará e Distrito Federal possuem Comissões de Direito da Moda instaladas.

Outrossim, existem comissões de Direito da Moda instaladas em Subseções da OAB em Ribeirão Preto/SP, Santos/SP, Campinas/SP, Bauru/SP, Franca/SP, Butantã/SP, Sorocaba/SP, São José do Rio Preto/SP, Santo André/SP, Francisco Morato/SP, São Carlo/SP, Sertãozinho/SP, Ourinhos/SP, Pinheiros/SP, Balneário Camboriú/SC, Jaraguá do Sul/SC, Juiz de Fora/MG, Uberlândia/MG, Caruaru/PE e Águas Claras/DF.

Contudo, o Conselho Federal da OAB ainda não possui uma Comissão Nacional de Direito da Moda instalada.

É importante que as Comissões de Direito da Moda da OAB funcionem de acordo com a legislação aplicável e as normas internas da Ordem, garantindo assim a legalidade de suas atividades e o cumprimento de seus objetivos organizacionais.

Portanto, a Comissão de Direito da Moda no Brasil surgiu, assim, para responder à necessidade de uma abordagem jurídica especial para resolver os complexos e frequentes problemas jurídicos que surgem na indústria da moda nacional. Essas comissões desempenham um papel importante na conscientização, educação e melhoria dos processos legais relacionados à moda no Brasil.

5. A Comissão de Direito da OAB de Ribeirão Preto/SP

A Comissão de Direito da Moda da 12ª Subseção da OAB de São Paulo – Ribeirão Preto foi criada pela Diretoria dessa Subseção em 03 de março de 2022, através de uma portaria assinada por seu Presidente, Alexandre Meneghin Nuti, que nomeou a Dra. Rafaela Aparecida Parizi Leoni como Presidente da Comissão.

Dessa forma, a Comissão de Direito da Moda da OAB de Ribeirão Preto foi estabelecida pela Presidente; pelos Membros Efetivos, que são advogados cadastrados na 12ª Subseção da OAB do Estado de São Paulo, enquanto os Membros Convidados podem ser advogados registrados em outras Subseções sem Comissão de Direito da Moda, assim como estudantes de Direito e especialistas da indústria da Moda (OAB Ribeirão Preto, 2024).[53]

Nesse contexto, a Comissão de Direito da Moda de Ribeirão Preto promove anualmente Congressos sobre Direito da Moda desde sua criação, tendo realizado até agora três edições do evento.

Além disso, a comissão organiza *Lives* para discutir temas pertinentes ao *fashion law*, bem como *workshops* e palestras em universidades voltadas para estudantes de Direito e Moda.

A comissão também congrega advogados e especialistas da área que desejam debater assuntos fundamentais para o setor, como propriedade intelectual, contratos, direitos autorais, questões trabalhistas e outros temas específicos da indústria da moda.

Assim, as atividades da Comissão de Direito da Moda da OAB de Ribeirão Preto englobam a organização de palestras, cursos, eventos, publicações, pareceres, além de uma atuação colaborativa com outras entidades e órgãos relacionados ao setor.

---

53   OAB Ribeirão Preto. **Comissões**, 2024. Acesso em: 27 jul. 2024. (Online). Disponível em: https://oabrp.org.br/comissao-de-instrucao-de-processos-disciplinares-etica-copy/.

6. Contribuições da Comissão de Direito da Moda da 12ª Subseção da OAB SP para o setor jurídico e para os profissionais da Moda

As contribuições da Comissão de Direito da Moda da OAB de Ribeirão Preto para o setor jurídico e para os profissionais da moda incluem a promoção de palestras, cursos e *workshops* voltados para profissionais do direito e da moda, visando a capacitação e atualização sobre questões jurídicas relevantes para o setor.

Ademais, a comissão emite pareceres técnicos sobre temas jurídicos relacionados à moda, fornecendo orientações e esclarecimentos legais para o setor.

Em igual, a comissão participa ativamente de debates, seminários e eventos jurídicos relacionados à moda, promovendo a discussão de temas pertinentes e o compartilhamento de conhecimento.

Da mesma maneira, a Comissão de Direito da Moda da OAB de Ribeirão Preto incentiva e apoia práticas éticas e sustentáveis na indústria da moda, contribuindo para a conscientização e implementação de padrões éticos e ambientalmente responsáveis.

Outrossim, estimula à inovação no setor da moda e divulga a importância da proteção da propriedade intelectual, incluindo marcas, *designs* e patentes, para garantir a valorização e proteção do trabalho dos profissionais da moda.

No mesmo sentido, promove eventos a fim de estimular a inclusão social na moda, com a participação de mulheres, negros, deficientes, idosos, comunidade LGBTIQIA+ e demais minorias inseridas na sociedade.

Assim, essas são algumas das contribuições que a Comissão de Direito da Moda da OAB de Ribeirão Preto oferece para o setor jurídico e para os profissionais da moda, visando promover um ambiente jurídico mais favorável e adequado ao desenvolvimento sustentável e ético da indústria *fashion* local.

7. Considerações finais

Historicamente, a Comissão de Direito da Moda no Brasil surgiu como uma resposta à crescente crise jurídica relacionada à indústria da moda. Inicialmente concentraram-se em questões específicas, como propriedade intelectual e contratos, mas desde então expandiram as suas atividades ao longo do tempo.

Atualmente, as Comissões de Direito da Moda no Brasil desempenham um papel importante na promoção de pesquisas, debates e ações sobre uma série de questões jurídicas neste campo. Cooperam com especialistas em moda, advogados e organizações relacionadas, contribuindo para a criação de tecnologia e desenvolvimento sustentável para o mercado.

Nesse cenário, as contribuições da Comissão de Direito da Moda da OAB de Ribeirão Preto na área de profissionais do direito e da moda incluem a promoção de palestras, cursos e seminários para profissionais do direito e da moda, visando à formação e atualização sobre questões jurídicas relacionadas a esta área.

Além disso, a Comissão de Direito da Moda da 12ª Subseção da OAB SP promove a inovação no setor da moda e proclama a importância de proteger a propriedade intelectual, incluindo produtos, *designs* e direitos de autor, para garantir a valorização e proteção do trabalho dos especialistas em moda.

Da mesma forma, a Comissão de Direito da Moda da OAB de Ribeirão Preto promove eventos que incentivam a inclusão social na moda, contando com a participação de mulheres, negros, pessoas com deficiência, idosos, comunidade LGBTIQIA+ e grupos minoritários da sociedade.

Portanto, aqui estão algumas contribuições que a Comissão de Direito da Moda da OAB de Ribeirão Preto faz para o setor jurídico e para os profissionais da moda, a fim de promover um ambiente jurídico mais favorável e adequado ao desenvolvimento sustentável e ético da indústria da moda local.

A TRAJETÓRIA DA COMISSÃO DE DIREITO DA MODA DA 13ª SUBSEÇÃO DA ORDEM DOS ADVOGADOS DO BRASIL, LOCALIZADA EM UBERLÂNDIA, MINAS GERAIS

Sthefanne Silva Barros[54]

O Direito ao ser aplicado à Indústria da moda e suas ramificações passa a conhecer suas peculiaridades de forma assertiva e especializada, atendendo, assim, aos interesses específicos desse segmento. Pensando nisso, foi criado pelas advogadas Dra. Sthefanne Barros (Presidente), Dra. Layner Cruz, (Vice-Presidente), Dra. Karla Chiori, (Secretária Ano 2022) e Membros, Dra. Bruna Nunes, Dra. Ketuli Mota, Dra. Laís Morechi e Dra. Vanusa de Melo, na cidade de Uberlândia-MG, no ano de 2022, na 13ª Subseção da OAB, a Comissão do Direito da Moda.

A proposta de Criação da Comissão teve e tem como objetivo a divulgação dessa nova e promissora área mercadológica do Direito aplicado à Indústria da Moda entre os Advogados, Estudantes de Direito, Bacharéis, Profissionais atuantes no mundo da moda, Instituições e Empresas da cadeia têxtil, através da participação nas reuniões da comissão e estudos, por meio dos

---

54 Advogada, desde 2016, no escritório PENA FRANCO & BARROS ADVOGADOS, na área Cível, com foco nas demandas de Família e Sucessões, com propósito profissional na atuação da Advocacia Familiar e contribuição para uma Advocacia Sistêmica, Pacificadora e Mediadora na Resolução de Conflitos no Âmbito Familiar e de Sucessões. No ano de 2021 iniciou suas pesquisas sobre o FASHION LAW (Direito da Moda) e foi idealizadora do Projeto de Abertura para a Criação da COMISSÃO DE DIREITO DA MODA DA OAB DE UBERLÂNDIA/MG da qual, atualmente é Presidente (Gestão de 2022 a 2024) tendo se tornado pesquisadora e desbravadora nesta área. Pós-graduanda em Fashion Law – Prática em Direito da Moda pela Faculdade Damásio Educacional.

grupos de pesquisas, palestras, eventos, visitas técnicas, parcerias e estratégias criadas e desenvolvidas pela comissão, visando a capacitação dos operadores do Direito para atuarem nesse segmento e a tomada de consciência da cadeia têxtil de seus direitos e obrigações.

O crescimento Nacional e Internacional de toda a cadeia produtiva dessa indústria e suas ramificações vem evidenciando a necessidade de especialização por parte dos operadores do Direito e do Judiciário nos temas e ramos inerentes às relações negociais e proteção deste setor.

Trata-se de questões cíveis, contratuais, empresariais, como registro de marcas, propriedade intelectual e suas ramificações, como o Direito Autoral, Propriedade Industrial e Proteção *Sui Generis*. Bem como de questões ligadas às áreas trabalhistas, ambientais, tributárias, previdenciárias e até criminais, dentre outras, voltadas à moda.

O estudo do Fashion Law, mais conhecido como Direito da Moda é uma área do Direito em que encontramos multidisciplinaridade de atuações. Desta forma, os simpatizantes dessa área promissora têm uma visão holística de conhecimento e pesquisa a ser explorada. Os membros (advogados) e membros colaboradores da Comissão são informados das atualizações relacionadas às doutrinas, legislações, jurisprudências, cursos, eventos e assuntos dessa temática, além de adquirirem conhecimento e se capacitarem profissionalmente para atuarem nesse segmento e se tornam colaboradores dessas informações, em seus respectivos nichos profissionais.

Somos uma equipe multidisciplinar composta de Advogados, Estudantes de Direito, Bacharéis e profissionais do mundo da moda, como lojistas, estilistas, costureiras, influencers, modelos, dentre outros que abrilhantam a Comissão. Percebe-se que se trata de uma área pouco explorada e que cresce cada vez mais e requer dos profissionais atuantes nesse segmento, conhecimentos específicos de negócio para que, atrelado à bagagem jurídica, possa oferecer ao mercado a assessoria jurídica adequada.

A Comissão visa aproximar as Comissões de Direito da Moda das Seccionais e Subseções da OAB, proporcionando a interação e o debate das matérias atinentes a esse novo ramo do direito, bem como sua expansão e notoriedade entre todos os operadores do Direito e profissionais afins. Desta forma, são feitos convites a palestrantes de outras Seccionais e Subseções para contribuírem com seu conhecimento nas reuniões e eventos promovidos pela Comissão.

Temos como MISSÃO fomentar a pesquisa, o estudo, o debate sobre questões jurídicas relacionadas à moda, atentos a evoluções legislativas, mudanças no mercado que afetam esse segmento com uma VISÃO holística, de promover a expansão desse conhecimento entre os operadores do direito e dos envolvidos na cadeia produtiva da indústria da moda e suas ramificações e, consequentemente, a capacitação por meio de palestras em reuniões, cursos, congressos, dentre outros, com o PROPÓSITO de sermos referência nacionalmente na discussão dessas questões, sendo reconhecida como uma comissão multidisciplinar, proativa, pioneira, localizada no triângulo mineiro que possui uma fonte confiável de conhecimento jurídico e capacitação de seus membros para atuarem na cadeia produtiva da indústria da moda e suas ramificações. Nossos VALORES são fundamentados na excelência profissional, na ética, na justiça, na colaboração e trabalho em equipe multidisciplinar, no comprometimento, despertar de conscientização e responsabilidade social, contribuindo para um setor mais sustentável e inclusivo.

A comissão acredita na importância de agir com integridade, com respeito mútuo, transparência, pertencimento e acolhimento entre os membros, reconhecendo que o envolvimento de diversos protagonistas junto a cadeia têxtil e jurídica, fortalece o segmento e facilita a atuação dos operadores do direito, demonstrando comprometimento com a missão e propósito, construindo um legado em face do Direito aplicado ao mundo da moda.

Durante o Triênio 2022 a 2024, a Comissão de Direito da Moda da OAB Uberlândia realizou reuniões quinzenais e mensais, promoveu eventos e estreitou os laços internos entre os membros da própria comissão, dos membros das comissões conexas existentes na Instituição também estreitou os laços externos com Faculdades, Instituições, ONGs e profissionais ligados ao mundo da moda, participando ativamente de convites recebidos, da divulgação e expansão da Comissão entre os operadores do Direito e toda Indústria da Moda e suas ramificações na cidade de Uberlândia, região e até a nível nacional, como a participação da Presidente Dra. Sthefanne Barros no *IV Encontro Internacional de Fashion Law*, em Natal no Rio Grande do Norte.

Para consolidar todo o trabalho vivenciado ao longo desse período, foi idealizado pela presidente da Comissão de Direito da Moda, Dra. Sthefanne Silva Barros, o *I Congresso de Direito e Moda Sustentável do Triângulo Mineiro,* que aconteceu na Cidade de Uberlândia, MG na Sede da OAB, nos dias 05 e 06 de julho de 2024. O evento retratou sobre "O impacto dos 17 ODS no Brasil e no Mundo em face da cadeia produtiva da indústria da moda". Houve a participação de Advogados renomados e autoridades no segmento da moda, bem como a presença da Autora do livro *O Meio Ambiente Sustentável da Moda no Brasil e no Mundo*, que foi inspiração para a criação do projeto do Congresso, a Dra. Taiara Desirée, que participou do *talk show* e apresentou palestra com o tema *A sensível consciência sobre a indústria da moda*.

O Congresso também contou com a participação especial do promotor de justiça, Dr. Breno Lintz. Na sequência, o evento expôs palestras e talk show com as seguintes autoridades: Dra. Heloísa Corrêa "O Direito da Moda sobre as lentes da sustentabilidade", Dra. Elaine Mendonça, Joeslley Rocha (Faculdade da Costura), Marcos Daniel (Sindivestu) e as mediadoras, Dra. Sthefanne Barros, Dra. Layner Cruz, Dra. Samantha Godoy e Dra. Vera Couto. Também contou com o Painel "História do Fashion Law x Propriedade Intelectual em face à proteção das marcas e responsabilidade civil, criminal e as ODS", com as participações de Dra. Sthefanne Barros, Dra. Bruna Kopp, Letícia de Castro, Dra. Deise Machado, e das mediadoras, Dra. Renata Soares, Dra. Livia Melo e Alessandra Fabyane. Outro Painel abordou o tema "Consumo e Produções Sustentáveis – ESG e o Direito Animal na Moda, Beleza e outros Mercados", com a participação da Dra. Taiara Desirée, Dra. Elisângela Gondim, Dra. Carolina

Limonti e as mediadoras, Dra. Débora Tano, Dra. Morgana Couto e Gedna Rattes.

A Dra. Samantha Godoy palestrou sobre o "O Poder do Autoconhecimento na Consultoria de Imagem: Construindo uma Marca Pessoal Sustentável" e a Dra. Vera Couto abordou a "Autoestima feminina no Direito, como o amor-próprio pode te libertar".

O Congresso ainda contou com um Desfile de Sustentabilidade, organizado pelos membros da comissão de Direito da Moda, Alessandra Fabyane, Priscila Horácio, Dra. Vera Couto e Profa. Aline Teixeira da Universidade Federal de Uberlândia (UFU), idealizadora da Oficina de Upcycling junto a Comissão, com o apoio da Faculdade da Costura e patrocínio de peças ONG IPÊ CULTURAL.

O segundo dia do evento, contou também com palestras enriquecedoras com a profa. Aline Teixeira (UFU), que falou sobre "Moda Sustentável e Upcycling" e Toni Massa (ONG Ipê Cultural) com o tema "Ser Sustentável é Massa! Como Cuidar do Meio Ambiente e Impactar positivamente seu negócio". Ainda contou com o Painel de Talk Show: "Cidades Inteligentes, Visão Tributária, Contratual e Trabalhista na Indústria da Moda em face as ODS", com a participação de Dr. Rodrigo Lacombe, Dra. Layner Souza Cruz, Dra. Cibele Bastos (Advogada da Fabiana Milazzo) e as mediadoras, Sônia Trindade, Juliana Lemes e Sandra Homaied.

Finalizamos o Congresso com um estrondoso Desfile inclusivo idealizado e organizado pela Dra. Samantha Godoy, com o apoio e patrocínio de Mabê Boos e Di Sotti. Os patrocinadores do Congresso foram: CAA, Via D Acessórios, Casa Eumênides, Timol, Luxo de Festa, Damásio, Di Sotti, Mabê Boos, AF tucci, Live, Clube do Lift personnalite, Arranjos Express Sapatos, e como apoiadores: Revista Hub, Faculdade da Costura, CDL Uberlândia, Sindivestu, Instituto Ipê Cultural, UFU e as Comissões, Mulher Advogada, Direito Ambiental, Direito Animal.

O I Congresso de Direito e Moda Sustentável do Triângulo Mineiro, realizado pela Comissão de Direito da Moda, somente foi possível pelo apoio e incentivo da 13ª Subseção da Ordem dos Advogados do Brasil (OAB Uberlândia) e de todos os membros da Comissão de Direito da Moda, que participaram incansavelmente para que esse projeto fosse executado e se tornasse pioneiro a nível nacional.

Somos uma Comissão precursora no Triângulo Mineiro, e, ao longo desse triênio, não medimos esforços como Comissão para que nosso trabalho local fosse iniciado e consolidado, construindo um legado para que o Direito da Moda possa continuar se expandindo entre os operadores do Direito e toda a Cadeia da Indústria da Moda e suas ramificações.

Sabemos que existe um longo caminho a ser percorrido até a consolidação nacional e internacional desse ramo multidisciplinar do Direito: o *Fashion Law* ou *Direito da Moda*. Mas, temos plena consciência de que a transformação de mentalidade já iniciou e que os alicerces dessa construção foram estabelecidos em bases sólidas. É notório que já estamos colhendo os frutos de um belíssimo e gratificante trabalho que a Comissão de Direito da Moda da OAB Uberlândia realizou desde a sua fundação, e isso nos motiva a continuar expandindo o *Fashion*.

ÍNDICE REMISSIVO

A

Advogados 5, 8, 12, 13, 29, 33, 34, 37, 38, 39, 40, 48, 49, 51, 54, 58, 59, 62, 63, 69, 70, 73, 75, 77, 78, 81, 82, 83, 90, 91, 92, 94, 95, 96, 98, 100

C

Conhecimento 9, 11, 12, 13, 32, 33, 34, 43, 44, 45, 49, 51, 61, 62, 66, 77, 81, 93, 96, 97

D

Desenvolvimento 8, 14, 16, 24, 25, 27, 32, 33, 43, 44, 45, 47, 48, 50, 54, 58, 73, 76, 77, 79, 82, 85, 88, 91, 93, 94

Direito 7, 8, 9, 11, 12, 13, 14, 15, 16, 17, 18, 19, 20, 23, 24, 25, 27, 28, 29, 31, 32, 33, 34, 35, 37, 38, 40, 43, 44, 45, 47, 48, 49, 50, 51, 52, 53, 54, 55, 57, 58, 61, 62, 63, 64, 65, 66, 67, 68, 69, 70, 71, 73, 74, 75, 76, 77, 78, 81, 82, 83, 85, 86, 88, 89, 90, 91, 92, 93, 94, 95, 96, 97, 98, 99, 100

F

Fashion 3, 7, 8, 9, 11, 14, 15, 17, 18, 19, 20, 23, 27, 28, 31, 33, 38, 39, 40, 43, 44, 47, 48, 49, 50, 51, 61, 63, 65, 69, 70, 73, 74, 77, 81, 83, 85, 88, 89, 90, 92, 93, 95, 96, 98, 100

Fashion Law 3, 7, 8, 9, 11, 14, 15, 17, 18, 19, 20, 23, 27, 28, 31, 33, 40, 43, 44, 47, 48, 49, 50, 51, 61, 65, 69, 73, 74, 77, 81, 83, 85, 88, 89, 90, 92, 95, 96, 98, 100

I

Indústria 7, 11, 20, 21, 23, 28, 31, 32, 39, 40, 43, 44, 45, 47, 48, 49, 50, 51, 52, 55, 57, 58, 62, 63, 65, 66, 67, 68, 69, 70, 71, 73, 74, 75, 79, 81, 85, 86, 87, 88, 89, 90, 91, 92, 93, 94, 95, 96, 97, 98, 99, 100

M

Mercado 7, 13, 14, 17, 23, 24, 25, 27, 33, 34, 35, 43, 45, 47, 58, 69, 70, 74, 77, 78, 79, 90, 94, 96, 97

Moda 7, 8, 9, 11, 12, 13, 14, 15, 16, 17, 18, 19, 20, 21, 23, 24, 25, 27, 28, 29, 31, 32, 33, 34, 35, 37, 38, 39, 40, 41, 43, 44, 45, 47, 48, 49, 50, 51, 52, 53, 54, 55, 57, 58, 59, 61, 62, 63, 64, 65, 66, 67, 68, 69, 70, 71, 73, 74, 75, 76, 77, 78, 79, 81, 82, 83, 85, 86, 87, 88, 89, 90, 91, 92, 93, 94, 95, 96, 97, 98, 99, 100

P

Pirataria 7, 15, 16, 19, 20, 21, 23, 24, 25, 44, 48, 57, 74, 75

Profissionais 9, 11, 13, 14, 18, 25, 28, 29, 33, 34, 35, 43, 44, 45, 48, 49, 52, 53, 54, 59, 62, 63, 66, 70, 71, 73, 74, 75, 77, 81, 85, 86, 88, 89, 90, 91, 93, 94, 95, 96, 97, 98

Propriedade 7, 11, 15, 16, 17, 20, 23, 24, 25, 27, 28, 31, 37, 38, 39, 47, 51, 57, 58, 62, 63, 67, 69, 73, 74, 75, 76, 81, 85, 88, 89, 90, 92, 93, 94, 96, 98

SOBRE O LIVRO
Tiragem: 1000
Formato: 14 x 21 cm
Mancha: 10,3 x 17,3 cm
Tipologia: Times New Roman 10,5 | 11,5 | 13 | 16 | 18
Arial 8 | 8,5
Papel: Pólen 80 g (miolo)
Royal | Supremo 250 g (capa fosca)